AF294950

Was ist das Schwerste von allem?
Was dir das Leichteste dünket:
Mit den Augen zu sehn,
was vor den Augen dir liegt.

(Goethe)

Franz Haverkamp

Analysen – Symbole

Inspirationen im Tagebuch eines Aufsässigen

5505–5711

Unbewusst im Dialog mit dem Unbewussten und der Geistigen Welt

Bibliografische Information der Deutschen Nationalbibliothek

Die Deutsche Nationalbibliothek verzeichnet diese Publikation in der Deutschen Nationalbibliografie; detaillierte bibliografische Daten sind im Internet über http://dnb.dnb.de abrufbar.

Verlag: BoD · Books on Demand GmbH, Überseering 33, 22297 Hamburg, bod@bod.de

Druck: Libri Plureos GmbH, Friedensallee 273, 22763 Hamburg

ISBN: 978-3-8192-3633-4

Für

meine Kinder und alle,
die auf der Suche sind nach dem Sinn
ihres Lebens

In

Liebe zu Gott und seiner Schöpfung
und mit Dank an alle, die an der
Entstehung und Bearbeitung
der vorliegenden Texte
beteiligt waren

Inhalt

Vorwort

Berichte über geistige Welten und ihre Verbindungen zu uns gibt es seit Jahrtausenden. Doch die Beschäftigung mit ihnen fällt dem wissenschaftsgläubigen Menschen in der heutigen Zeit sehr schwer. Aufgrund moderner Forschungsergebnisse glaubt er, die Existenz eines materieunabhängigen Geistes anzweifeln bzw. negieren zu dürfen, obwohl das Wissen um das Wesen der Materie mit ihren inneren und äußeren Grenzbereichen sowie die Kenntnis der Psyche einschließlich des Unbewussten noch fehlen. Damit wird die allgegenwärtige Kommunikation der Geistigen Welt mit uns bzw. mit unserem Unbewussten außer Acht gelassen, und als Folge davon wird auch nicht hinterfragt, aus welchen geistigen Bereichen unsere Gedanken und unsere daraus resultierenden Entscheidungen kommen.

Wie nachteilig diese Entwicklung für uns Menschen ist, wird in der Buchreihe „Analysen – Symbole, Inspirationen im Tagebuch eines Aufsässigen" dargestellt. Über Inspirationen, die ich von 1957 bis 1966 empfing, aber als solche nicht erkannte, wird

- das Wesen der Inspiration erklärt und damit auf die Existenz von geistigen Welten einschließlich der möglichen Verbindung zu ihnen hingewiesen
- die Anwendung der Traumsymbolsprache, die mir damals noch völlig fremd war, demonstriert
- auf die verhängnisvollen Auswirkungen des Materialismus aufmerksam gemacht
- und im Rahmen einer Psychoanalyse mein eigenes Fehlverhalten und ein solches in unserer Gesellschaft aufgezeigt.
- Schließlich werden sehr wichtige Fragen im Zusammenhang mit unserem Dasein, unserem Zusammenleben und mit dem Ausleben unserer Sexualität diskutiert
- und aus den Texten geht auch hervor, dass unsere Hinwendung zum Himmel, vor allem in Zeiten seelischer Not, nicht unbeantwortet bleibt.

Zum Zeitpunkt der hier vorliegenden Tagebucheintragungen hatte ich infolge meiner damaligen Wissenschaftsgläubigkeit meinen Glauben an Gott und an die Existenz einer geistigen Welt weitgehend verloren. Ich empfand mich nur noch als ein reagierendes Wesen, das seinem Tod und der damit verbundenen Auflösung seiner Existenz entgegenlebte. Dieses bedrückte mich sehr.

Gedanken, die auf Reaktionsabläufen im Gehirn beruhten, mochte ich nicht. Dennoch verspürte ich ein starkes Drängen in mir, zu schreiben. Ich kaufte mir ein Tagebuch. Wenn ich dann nach dem üblichen Eintrag von alltäglichen Geschehnissen mich schriftlich mit einem Problem auseinandersetzen wollte, wusste ich wegen meiner negativen Einstellung der Gedankentätigkeit gegenüber meist nicht, wie ich beginnen sollte. Ich war bereit, Worte zusammenhanglos aneinanderzufügen, um ein reflexhaftes Denken zu durchbrechen und dadurch zu neuen Vorstellungsinhalten zu kommen. Meist saß ich eine Zeit lang gedankenlos vor meinem Tagebuch und wartete auf einen Einfall, der sich dann auch bald einstellte, und zwar mit einem anschließenden Wortfluss, der eine gewisse Zeit andauerte und dann plötzlich wieder abbrach. Wort für Wort dieses Wortflusses schrieb ich ins Tagebuch, ohne zu verstehen, was ich schrieb. Es war oft chaotisch und ähnelte einer schizophrenen Ausdrucksweise. Aber hinterher war ich erleichtert und hatte ein deutliches Gefühl der Zufriedenheit. 1966, mit meinem Eintritt ins Berufsleben, beendete ich meine Tagebucheintragungen. Die Tagebücher bewahrte ich sorgfältig auf. In den 1990er Jahren dachte ich wiederholt daran, sie zu verbrennen, um nach meinem Tod bei meinen

Kindern kein schlechtes bzw. falsches Bild von ihrem Vater zu hinterlassen.

Etwa 40 Jahre später, zu Beginn meines Ruhestandes, fiel mir bei einer Durchsicht der Tagebücher auf, dass die Texte stellenweise einen Dialogcharakter besaßen. Ich wurde neugierig und fand bei der Übertragung der Texte in den Computer schließlich heraus, dass es sich bei ihnen zumeist um verschlüsselte Dialoge mit meinem Unbewussten und mit der Geistigen Welt handelte, wobei ich, und zwar in der Zeit von 1957 bis 1966, ohne dass ich mir dessen bewusst war, als Schreibmedium, als eine lebendige Schreibmaschine fungierte. Die mir übermittelten Texte waren verschlüsselt, und zwar mit Hilfe von

- Traumsymbolen (die ich damals noch nicht kannte)
- Synonymen
- mir oft nicht geläufigen Wortbedeutungen
- Redewendungen bzw. Redensarten
- Wortumstellungen im Satz und Satzfragmenten
- stichwortartigen Hinweisen und
- vereinzelten Wortneuschöpfungen.

Die für die Entschlüsselung der Tagebuchtexte notwendigen Traumsymbole fand ich zumeist in einem Traumlexikon, das zum Zeitpunkt der Tagebucheintragungen noch gar nicht existierte. Ich selbst beschäftigte mich mit der Traumsymbolsprache nach meiner Erinnerung erst 20 bis 30 Jahre später. Die in den Text passenden Synonyme stammen überwiegend aus dem Synonym-Wörterbuch des Duden. Nicht selten musste ich aber ihretwegen im Internet recherchieren. Bezüglich der mir nicht geläufigen Wortbedeutungen wurde ich zumeist im Wörterbuch der deutschen Sprache von Bertelsmann (Wö. d. dt. Spr. v. Be.) fündig. Letzteres wurde erst 2004 gedruckt.

Zu erwähnen ist noch, dass von der mit mir kommunizierenden Geistigen Welt mein Umgang mit den Tagebuchtexten, der zeitliche Ablauf ihrer Identifizierung, die Schwierigkeit ihrer Interpretation und ihre anschließende Veröffentlichung vorausgesagt wurden. Dieses und viele andere in den Texten gemachte und eingetroffene zeitliche Vorhersagen

- beweisen in Verbindung mit den oben angeführten Fakten unwiderlegbar die Existenz eines materieunabhängigen Geistes.

Die in den Tagebüchern von mir selbst – bewusst oder unbewusst – vorgebrachte Kritik ist sehr oft ungerechtfertigt. Sie erinnert an das Verhalten eines kleinen Kindes, das aufgrund seiner Unwissenheit noch ungezogen und aufsässig ist und seiner Umgebung manch einen körperlichen und seelischen Schmerz zugefügt. Ich bitte deswegen meine Leser um Nachsicht bei der Lektüre, zumal die hier vorliegenden Texte, die meinerseits nicht für eine Veröffentlichung bestimmt waren, sozusagen unverändert aus meinen Tagebüchern übertragen wurden.

Die im Buch vorliegenden Tagebuchtexte werden an erster Stelle, abgesehen von geringfügigen Korrekturen, im Original wiedergegeben. An zweiter Stelle folgt ihre Differenzierung bzw. Aufgliederung und an dritter Stelle ihre Deutung. Bei der Aufgliederung wird unterschieden zwischen meinen wachbewussten Äußerungen und solchen meines Unbewussten und der Geistigen Welt. Die Texte wurden von mir viele Male überarbeitet. Trotzdem ist es möglich, dass einzelne Textstellen von mir noch nicht richtig verstanden bzw. gedeutet wurden und einer späteren Korrektur bedürfen.

Abschließend bedanke ich mich bei allen, die mir bei der Bearbeitung und Veröffentlichung meiner Tagebücher geholfen haben.

<u>Anmerkung</u>: Der Autorenname „Franz Haverkamp" ist ein Pseudonym. Er wurde gewählt wegen seiner symbolischen Beziehung zu bestimmten Textstellen im Tagebuch.

Tagebuchtexte
vom 3.bis 8.5.1955
und vom 9.1. bis 22.11.1957
original, bearbeitet und gedeutet

<u>3. Mai 1955</u>

> *Ende 1950 verließ ich das Gymnasium wegen mangelnden Interesses und der daraus resultierenden schlechten Leistungen. Von 1951 bis 1953 Besuch einer Berufsfachschule. Im Anschluss daran zweijährige Lehrzeit im Elektrohandwerk, die ich mit der Gesellenprüfung abschloss. Zu diesem Zeitpunkt wünschte ich mir, das Abitur nachzuholen, und ich machte mich mit dem Fahrrad auf, um in Heidelberg in meinen Beruf eine Arbeit zu finden und dort ein Abendgymnasium zu besuchen. Großes Interesse hatte ich damals an einem Studium der Atomphysik.*

Erster Tag:
Weg zwischen Krefeld und Bonn war grauenhaft – Verkehr, Bauplätze, Verkehr. Konnte am Tag noch nicht froh werden. Machte im Stadtwald von Godesberg Mittag. Anschließend fuhr – schob ich zur Jugendherberge Viktorshöhe.
Am Nachmittag bestieg ich den Godesberg – Kopfschmerzen – bei schönem Wetter.

Den Abend verbrachte ich mit sehr netten Studenten (eine halbe Stunde) in einem Café in der Nähe der Jugendherberge. Wurde noch freigehalten, trotz Widerspruch. Beinahe Krach mit den Herbergseltern bekamen wir, als wir 10 Minuten zu spät eintrudelten. Im Übrigen verlief der Tag zufriedenstellend.

<u>4. Mai 1955</u>

Zweiter Tag:
Begann, nach dem Wetter zu urteilen, wenig hoffnungsvoll. Gegenwind und nochmals Gegenwind. Trotz alledem führte die Straße durch landschaftlich schöne Gegenden, letzterer Höhepunkt der Ausblick von der Festung Ehrenbreitstein auf die Stadt Koblenz war, bei Tag wie bei Nacht. Essen wie Aufnahme waren gut.

> *Gemeint sind Essen und Aufnahme in der Jugendherberge Ehrenbreitstein.*

Der Aufstieg zur Ehrenbreitstein dagegen überaus beschwerlich.

> *Gemeint ist der Aufstieg zur Festung bzw. Jugendherberge Ehrenbreitstein.*

Am Abend durchstreiften wir die riesengroße Festung, die mit ihren enormen Ruinen mancherlei Gedanken aufkommen ließ. Hoffentlich lassen meine Kopfschmerzen nach.

Adresse von einem engl. Herbergsvater:

England   CYRIL E. SHARPE
          YOUTH Hostel
          PENTRECOURT
          LLANDYSSUL
          CARDS

<u>5. Mai 1955</u>

Dritter Tag:
Auf dem Weg von Koblenz nach Bingen und Mainz durchfuhr ich das wunderschöne Rheintal mit seinen Burgen, der Lorelei und schließlich dem Mäuseturm bei Kaub.

> *Entweder ist mit letzterem die Zollburg Pfalzgrafenstein bei Kaub oder der Mäuseturm bei Bingen gemeint.*

Wäre das Wetter weniger nass gewesen und nicht so stürmisch, so wäre dem Zweck der Erholung mehr gedient worden.
Von Bingen nach Mainz ging es über eine eintönig lange Betonstraße, die „Gott sei Dank" kurz vor Mainz abgelöst wurde von einer ruhigen Waldstraße. Mainz selbst, dem äußeren Eindruck nach zu urteilen, erweckte keine bewundernden Gefühle. Nach überaus langem Suchen fand ich gegen 16:00 Uhr die Jugendherberge in Gustavsburg, außerhalb Mainz. Hier war ich einziger Gast und somit zu <u>inneren Betrachtungen</u> gezwungen.

> *„Inneren Betrachtungen" ist in der Originalaufzeichnung unterstrichen.*

Vierter Tag:
Heidelberg hat mich gefangen.
Zum ersten Mal weckte mich Sonnenschein in der Jugendherberge Mainz, wo ich einziger Gast war. Von Mainz Richtung Heidelberg fand ich die bisher schönsten Landschaften. Rote Weinberge im ausgedehnten Rheintal, Worms (mit Einschränkungen), Frankenthal, Ludwigshafen, Mannheim, Heidelberg. Letzteres ist der Höhepunkt meiner Reise und bleibt zu erforschen. Am späten Nachmittag machte ich den ersten Bummel. Musste mich infolge eines Gewitters eilig zurückziehen. Morgen will ich die Stadt näher kennenlernen. Die Sonne hat mein Gesicht gehörig verändert.

<u>7. Mai 1955</u>

Fünfter Tag:
Heute Morgen war ich in der Stadt. Sie hat meine Hoffnungen nicht enttäuscht und mich vollauf begeistert.

Trotz der schönsten Umgebung kann ich keine Ruhe finden. Ist es Zweifel oder Ungewissheit?

Die Zukunft mag es lehren!

> ➢ *Meines Erachtens könnte es sich bei diesem Kommentar um die erste von mir registrierte Inspiration handeln!*

Der Nachmittag sah mich auf der Suche nach dem Max-Planck-Institut. Anschließend wanderte ich über den Philosophenweg zum Aussichtsturm. Hat mir sehr gefallen.

<u>8. Mai 1955</u>

Sechster Tag:
Schönster Sonnenschein vermischt mit trüben Gedanken lässt keine Ferienstimmung aufkommen. Wohltuend war die feierliche Stille im Fichtenwald beim Aufstieg zum Königstuhl. Völlig weltabgeschieden liegen da die Wälder, nur von hellem Vogelgezwitscher erfüllt. Wie herrlich wäre es da, wenn einer zum Freund sprechen könnte wie er zu sich selbst spricht. Es ist mit dem Menschen ein seltsam Ding, er verlangt nach der Einsamkeit und verflucht sie.

Das erfüllte Verlangen ist ein Element der Bitterkeit, und doch wandelt es den Menschen bei der Häufigkeit der Wiederholung. Die Eindrücke der weltfremden Stille regen den Geist an und lassen Fragen und Zweifel aufkommen ob des Lebens. Die Seele des Menschen sucht die Stille, die Ewigkeit, <u>denn letztere ist ihre Mutter.</u> (???)

> Inhaltlich und stilistisch weicht dieser letzte Absatz deutlich vom übrigen Text ab, sodass er sicherlich inspiriert wurde. Der letzte Satzteil in diesem Absatz ist auf der Originalheftseite unterstrichen und mit einem großen Fragezeichen

versehen. Offensichtlich war mir sein Zustandekommen rätselhaft.

—

(Postkarte aus Heidelberg an Familie H ...

Laut Konferenzbeschluss vom 8. Mai 1955, 18:15 Uhr:

➢ Gemeint ist damit mein eigener Entschluss.

Die Zweisamkeit ist besser als die Einsamkeit, trotz landschaftlichen Paradieses.
Komme zurück. Heinz)

➢ Ich hatte mich entschlossen, wieder nach Hause zurückzukehren und das Abitur an einem Abendgymnasium in der Nähe meines Heimatortes nachzuholen.

Ich habe mich entschlossen, ein Tagebuch zu führen. Verschiedenste Lebensumstände, besonders aber die körperliche Entwicklung, beeinflussen uns und prägen unser Urteil. Dieses Urteil ist der Ausdruck unserer augenblicklichen Verfassung und der noch erhaltenen Eindrücke oder Urteile älterer Zeit relativ zu ihren zugehörigen Umständen. Es liegt im Wesen des Menschen, nur in eine Richtung denken zu können, und dieses mahnt uns zur Vorsicht; denn einer Richtung im Denkprozess ist immer ein Ursprung zugeordnet. Unsere Aufgabe ist es, unter Ausschaltung augenblicklicher Gefühle den Dingen ihren natürlichen Wert zu geben, Eindrücke aufzunehmen und mit Bekanntem zu vergleichen. Ein objektives Urteil kann nur einem rücksichtslosen Einverständnis zum Unabänderlichen angehören; denn jeglicher Vorbehalt bringt den Körper in Beziehung.

<u>Aufgliederung des Textes und Erläuterung</u>

> ➤ Nach mehrmaliger Überarbeitung der Texte bin ich der Meinung, dass die fett geschriebenen Hinweise bzw. Kommentare in diesem ersten Tagebucheintrag bereits inspiriert wurden, denn sie unterscheiden sich vom Schreibstil her und auch von der Qualität ihrer Aussage deutlich vom übrigen Text.

Ich habe mich entschlossen, ein Tagebuch zu führen. Verschiedenste Lebensumstände, besonders aber die körperliche Entwicklung, beeinflussen uns und prägen unser Urteil. Dieses Urteil ist der Ausdruck unserer augenblicklichen Verfassung und der noch erhaltenen Eindrücke oder Urteile älterer Zeit, relativ zu ihren zugehörigen Umständen.

> ➤ Mit diesem ersten Absatz wollte ich sagen, dass unser Urteil kein endgültiges sein kann. Es ist abhängig von unserem gegenwärtigen Entwicklungsstand und den Einflüssen, die aus der Umwelt auf uns zukommen.

Es liegt im Wesen des Menschen, nur in eine Richtung denken zu können, und dieses mahnt uns zur Vorsicht, denn einer Richtung im Denkprozess ist immer ein Ursprung zugeordnet!

Unsere Aufgabe ist es, unter Ausschaltung augenblicklicher Gefühle den Dingen ihren natürlichen Wert zu geben, Eindrücke aufzunehmen und mit Bekanntem zu vergleichen.

> Im Wörterbuch der deutschen Sprache von Bertelsmann hat „Gefühl" an zweiter Stelle die Bedeutung von „seelische Regung, innere Bewegung".

Ein objektives Urteil kann nur einem rücksichtslosen Einverständnis zum Unabänderlichen angehören, denn jeglicher Vorbehalt bringt den Körper in Beziehung!

<u>20. Januar 1957, Sonntagmorgen</u>

Habe mich geärgert. Als ob die erste Reaktion nach der Geburt eines Enkels der Griff nach der Flasche sein müsste – oder Anlass eines Palavers der Herren! Den Weibern kann man es nicht verbieten, denn wir verlangen Nachwuchs. Aber uns soll das Werden neuer Generationen Verantwortungsgefühl erwecken. Wo nicht, ist ein Urteil überhaupt weibisch.

> Mit Nachsicht zu lesen, wie viele andere meiner Tagebucheintragungen in der damaligen Zeit. Im Wörterbuch der deutschen Sprache von Bertelsmann hat „Urteil" an zweiter Stelle die Bedeutung von „Stellungnahme, Meinung", zum Beispiel: „sein Urteil abgeben". – Nach dem gleichen Wörterbuch hat „weibisch" die Bedeutung von „unmännlich, verzärtelt". – Die Worte „Weiber" und „weibisch" verwende ich heute nicht mehr, weil ich sie für abwertend und nicht wirklich partnerschaftlich halte.

<u>21. Januar 1957</u>

Nicht die Herausbildung und Förderung eigener Interessen und die damit verbundenen Produkte dienen der Gemeinschaft. Es entstehen hierdurch Klüfte in der Voraussetzung zu einer Hochkultur, da der Einzelne sich absondert und die Gemeinschaft, die doch letztlich Trägerin des Niveaus ist, zurücklässt. Schließlich sind wir doch das Produkt der Masse und verpflichtet, <u>mit</u> ihr das Endziel anzustreben. Wir sollen für die Gemeinschaft leben und durch Vorbild zur Nacheiferung begeistern. Die geistige Größe eines Volkes liegt in jedem, nicht im Einzelnen.

<u>Aufgliederung des Textes und Erläuterung</u>

Nicht die Herausbildung und Förderung eigener Interessen und die damit verbundenen Produkte dienen der Gemeinschaft.

> *Diese Aussage kann man so nicht gelten lassen. Die individuellen Anlagen und Interessen sollten schon erkannt und gefördert werden, aber unter Berücksichtigung des Allgemeinwohls.*

Es entstehen hierdurch Klüfte in der Voraussetzung zu einer Hochkultur, da der Einzelne sich absondert und die Gemeinschaft, die doch letztlich Trägerin des Niveaus ist, zurücklässt.

> ➢ Das stimmt nur, wenn das Individuum sich absondert und nur den eigenen Interessen lebt. Das ist aber in der Regel nicht der Fall.

Schließlich sind wir doch das Produkt der Masse und verpflichtet, <u>mit</u> ihr das Endziel anzustreben.

> ➢ In meinem Tagebucheintrag vom 26. Januar setze ich das „Endziel" mit dem Erreichen der „Vernunft" gleich. Schon 1957 war ich der Meinung, dass wir uns nur gemeinsam, das heißt miteinander und füreinander, optimal und effizient weiterentwickeln können. Nach meiner heutigen Auffassung sind wir zwar körperlich aus der „Masse" hervorgegangen, haben aber seelisch-geistig unseren Ursprung in einem Leben, das wir mit unseren körperlichen Sinnesorganen nicht wahrnehmen können.

Wir sollen für die Gemeinschaft leben und durch Vorbild zur Nacheiferung begeistern.

> Inhaltlich und vom Sprachstil her am ehesten inspiriert.

Die geistige Größe eines Volkes liegt in jedem, nicht im Einzelnen.

> Ich meinte wohl, dass die geistige Größe eines Volkes vom geistigen Niveau eines jeden seiner Bürger abhänge und nicht von den herausragenden Leistungen einzelner Menschen innerhalb dieses Volkes.

<u>22. Januar 1957</u>

Die Kirche ist einem Gefängnis gleich oder die Flucht vor der Angst. Erst wer die überwunden hat, darf „Mensch" heißen (ausgenommen, die Interpretation des „Menschen" zielt ins Tierische).

<u>Erläuterung</u>

Die Kirche ist einem Gefängnis gleich

> Ich glaubte 1957, dass die kirchlichen Glaubensdogmen den menschlichen Geist einsperrten.

oder die Flucht vor der Angst.

> Wohl vor der Angst, bei einer begangenen und nicht erlassenen Todsünde in die Hölle zu kommen.

Erst wer die überwunden hat, darf „Mensch" heißen

> Stimmt nicht. Wenn unser Schöpfer uns diesen Namen gab, dann hat das seine Richtigkeit. Als Menschen befinden wir uns auf dem Weg, die Angst zu überwinden. Angst ist ein Gefühl, das unter

anderem in der Finsternis, in der Ungewissheit aufkommt. Je lichter die Lebensumstände, je klarer die Verhältnisse werden, umso geringer sind Ungewissheit und Angst. Die größte Helligkeit und damit auch die Befreiung von der Angst finden wir im Lichte Gottes.
(ausgenommen, die Interpretation des „Menschen" zielt ins Tierische).

> Denn im Wörterbuch der deutschen Sprache von Bertelsmann wird „Mensch" an erster Stelle definiert als ein „(innerhalb der Klasse der Säugetiere zur Ordnung der Primaten gehörendes) Lebewesen mit der höchsten Entwicklung des Gehirns, der Fähigkeit zur Sprache und zu logischem Denken".

<u>26. Januar 1957, Samstag</u>

Die Übermacht der Eindrücke erschüttert oft unser Selbst. Die Welt zeugt fortwährend neue Gedanken, Ideen und Tatsachen, die trotz zweifelhafter Herkunft dem Bildungsniveau einverleibt werden. Ungewisses wird weitergezüchtet, wodurch doch das Grundsätzliche, der Ursprung und das „Warum" der Sache verloren geht. Was nützt ein solcher Hochstand der Kultur, wenn kein Zweck vorhanden ist? Geschieht doch in der Natur nichts ohne Grund, so sollte es auch beim Menschen liegen, sich aus rein natürlichen Gegebenheiten zu entwickeln. Es liegt beim Einzelnen selbst, seine geistigen Eigenschaften für eine gesunde (naturgemäße) Entwicklung des Volksgeistes einzusetzen; denn nur eine solche garantiert jedem einzelnen Individuum das Erreichen des Endzieles oder der Vernunft.

<u>Aufgliederung des Textes und Erläuterung</u>

Die Übermacht der Eindrücke erschüttert oft unser Selbst. Die Welt zeugt fortwährend neue Gedanken, Ideen und Tatsachen, die trotz zweifelhafter Herkunft dem Bildungsniveau einverleibt werden. Ungewisses wird weitergezüchtet, wodurch doch das Grundsätzliche, der Ursprung und das „Warum" der Sache verloren geht.

> *Ein Tagebucheintrag, der heute mindestens ebenso gültig ist wie in den fünfziger Jahren. Wir werden von Eindrücken aus unserer Umwelt überflutet und haben immer weniger Zeit, uns zu besinnen. Und gerade das ist doch so wichtig, um zu erkennen, woher wir kommen und wohin wir gehen, also um unseren Weg zu sehen.*

Was nützt ein solcher Hochstand der Kultur, wenn kein Zweck vorhanden ist?!

> *Wohl inspiriert*

Da doch in der Natur nichts ohne Grund geschieht, so sollte es auch beim Menschen liegen, sich aus rein natürlichen Gegebenheiten zu entwickeln. Es liegt beim Einzelnen selbst, seine geistigen Eigenschaften für eine gesunde (naturgemäße) Entwicklung des Volksgeistes einzusetzen; denn nur eine solche garantiert jedem einzelnen Individuum das Erreichen des Endzieles oder der Vernunft.

> *So dachte ich im Alter von 20 Jahren. Heute weiß ich, dass wir als Kinder*

Gottes auf das zuleben, von dem Paulus sprach: ,,Kein Auge hat es gesehen, kein Ohr hat es vernommen, in keines Menschen Herz ist es gedrungen, was Gott denen bereitet hat, die ihn lieben.“

<u>2. Februar 1957</u>

Eine nicht geringe Gefahr für die Erziehung der Masse bildet das der Objektivität angenäherte Urteil. Die Bildung dieser Meinung wird von einem Willen geleitet, der der Auseinandersetzung der gegenwärtigen Lage und dem schemenhaften Endziel entwuchs. Letztere Entwicklung ist an das Körperliche gebunden und somit sprunghaft. Bei einer Urteilsbildung über die Masse muss dieser Faktor berücksichtigt werden. Im Übrigen scheidet jeder aus der Masse aus, sobald er die Schwere der Verantwortung der Menschheit erkennt und gewillt ist, sein Leben und Denkvermögen für die vernünftige Entwicklung einzusetzen. In Bezug auf die Gefahr der angenäherten Objektivität muss bedacht werden, dass die Masse die Entwicklung dieses Urteils nicht einsehen kann – ihr Wissen ist wohl groß im Einzelnen, jedoch nicht geordnet. – Sie heiligt den Teil.

<u>Aufgliederung des Textes und Erläuterung</u>

Eine nicht geringe Gefahr für die Erziehung der Masse bildet das der Objektivität angenäherte Urteil. Die Bildung dieser Meinung

> ➢ Ein schwer verständlicher Abschnitt. Gemeint ist wohl meine gerade vorgetragene Meinung.

wird von einem Willen geleitet,

> ➢ Also von meinem Willen

der der Auseinandersetzung der gegenwärtigen Lage

> ➢ der meiner Auseinandersetzung mit der gegenwärtigen Lage

und dem schemenhaften Endziel entwuchs.

> ➢ Mit „Endziel" meinte ich die Vernunft.

Letztere Entwicklung ist an das Körperliche gebunden und somit sprunghaft.

> ➢ Das dachte ich aufgrund meiner damaligen Wissenschaftsgläubigkeit.

Bei einer Urteilsbildung über die Masse muss dieser Faktor berücksichtigt werden.

> ➢ Im Wörterbuch der deutschen Sprache von Bertelsmann hat „Masse" an dritter Stelle (oft abwertend) die Bedeutung von „große Menschenmenge (in der das Individuum untergeht)" und an vierter Stelle (meist Plural; im Marxismus) von „der Teil der Bevölkerung, der nicht die Herrschaft ausübt".

Im Übrigen scheidet jeder aus der Masse aus, sobald er die Schwere der Verantwortung der Menschheit erkennt und gewillt ist, sein Leben und Denkvermögen für die vernünftige Entwicklung einzusetzen!

> ➢ Dieser Satz wurde meines Erachtens wieder inspiriert, weil er sich sprachlich und inhaltlich deutlich vom vorausgegangenen und nachfolgenden Text absetzt.

In Bezug auf die Gefahr der angenäherten Objektivität muss bedacht werden, dass die Masse die Entwicklung dieses Urteils nicht einsehen kann.

> ➢ Wohl bezugnehmend auf den vorangegangenen Kommentar.

Ihr Wissen ist wohl groß im Einzelnen, jedoch nicht geordnet!

> ➢ Wieder inspiriert

Sie heiligt den Teil.

Zwei Wochen voll der bösen Ahnungen und Zweifel liegen zurück. Jedoch zu sagen, sämtliche Ungewissheiten hätten sich schon zu meiner Zufriedenheit entwickelt, wäre übertrieben. Entscheidende Arbeiten, wenn in allen Fächern, beschwören einen Zustand herauf, der das Seelische eines Menschen auf das stärkste belastet.

—

Eine Unheil bringende Wirkung unserer Religion ist unter anderem ihre Stellungnahme zur Rassenfrage. Hier wird doch vollkommen überheblich der Standpunkt vertreten, dass vor Gott alle Menschen gleich seien. Wäre die Religion konsequent, so müsste sie weiter lehren die Gleichheit von Tier und Mensch vor Gott. Sie tut es nicht. Im Gegenteil ist nach ihrem Dogma der Mensch die Krone der Schöpfung. Dann frage ich mich nur, warum entwickelte Gott die Menschen getrennt? Um den Hass zu züchten oder um unsere Bruderliebe zu prüfen? Wer sieht hinter die Kulissen dieser selbstbewussten Gesellschaft, die den Einzelnen von der Ewigkeit entfernt und ihm die Schwierigkeit des augenblicklich Unverständlichen gegen ein angenehmes, leicht verdauliches Märchen eintauscht?!

<u>Erläuterung</u>

Zwei Wochen voll der bösen Ahnungen und Zweifel liegen zurück. Jedoch zu sagen, sämtliche Ungewissheiten hätten sich schon zu meiner Zufriedenheit entwickelt, wäre übertrieben. Entscheidende Arbeiten, wenn in allen Fächern, beschwören einen Zustand herauf, der das Seelische eines Menschen auf das stärkste belastet.

> ➢ Von 1956 bis 1959 besuchte ich das Abendgymnasium in Düsseldorf-Oberkassel. Wegen guter Leistungen im ersten Semester durfte ich das zweite überspringen, kam dadurch aber im dritten Semester – bei voller Berufstätigkeit – ins Hintertreffen, sodass meine Versetzung gefährdet war.

—

Eine unheilbringende Wirkung unserer Religion ist unter anderem ihre Stellungnahme zur Rassenfrage. Hier wird doch vollkommen überheblich der Standpunkt vertreten, dass vor Gott alle Menschen gleich seien. Wäre die Religion konsequent, so müsste sie weiter lehren die Gleichheit von Tier und Mensch vor Gott.

> Diese von mir damals vertretene Meinung war unreif. Sie berücksichtigt nicht, dass sich ein Kind in der Entwicklung befindet.

Sie tut es nicht. Im Gegenteil ist nach ihrem Dogma der Mensch die Krone der Schöpfung. Dann frage ich mich nur, warum entwickelte Gott die Menschen getrennt? Um den Hass zu züchten oder um unsere Bruderliebe zu prüfen?

> Damals dachte ich noch nicht daran, dass das Erscheinungsbild des Menschen etwas mit seinem seelisch-geistigen Entwicklungsstand zu tun haben könnte.

Wer sieht hinter die Kulissen dieser selbstbewussten Gesellschaft, die den Einzelnen von der Ewigkeit entfernt und ihm die Schwierigkeit des augenblicklich Unverständlichen gegen ein angenehmes, leicht verdauliches Märchen eintauscht?!

> Mit dieser „selbstbewussten Gesellschaft" meinte ich wohl die Menschen, welche ihr Leben so nehmen, wie es ist, und nicht ernsthaft die Frage nach dem Woher und Wohin unseres Lebens stellen.

<u>17. Februar.1957</u>

Die Gegenüberstellung der Wirklichkeit zu dem Bürgerlichen, das die überlieferten Gebräuche ehrt und das Maß kennt (bei Kafka in dem Vergleich zwischen der Frieda und Amalie).

Die Autorität des Schlosses ist bis ins Geringste unüberwindlich seitens des Dorfes und maßgebend für das Wirkliche. Sie ist eine Macht, die alles abhängig macht, und so muss letztlich alles in Relation zu ihr betrachtet werden.

<u>Erläuterung</u>

Die Gegenüberstellung der Wirklichkeit zu dem Bürgerlichen, das die überlieferten Gebräuche ehrt und das Maß kennt (bei Kafka in dem Vergleich zwischen der Frieda und Amalie).
> *War wohl damals gerade Thema im Deutschunterricht*

Die Autorität des Schlosses ist bis ins Geringste unüberwindlich seitens des Dorfes und maßgebend für das Wirkliche. Sie ist eine Macht, die alles abhängig macht, und so muss letztlich alles in Relation zu ihr betrachtet werden.

➢ Zu dem, was ich hier ins Tagebuch eintrug, kann ich wegen fehlenden Sachverstandes keine Stellung nehmen. Was aber, unabhängig von diesem Eintrag, die Wirklichkeit angeht, so unterscheide ich heute derer zwei. Die erste ist die fassbare Welt, in der wir leben, die aber vergänglich ist. Diese fassbare, vergängliche Wirklichkeit wurzelt in einer geistigen, unvergänglichen Wirklichkeit, dem Sein.

<u>24. Februar 1957</u>

Die letzte Zeit sieht mich selbstbewusster als sonst. Aus dem Zweifel heraus wächst langsam eine Meinung, die ich zu verteidigen gewillt bin. Gefühllosigkeit gegenüber der Masse soll mir ein Ziel sein; denn nur der außerhalb des Alltags Stehende vermag in etwa den Dingen ihren Wert zu geben. Jede Gefühlsregung, auch eine noch so kleine, macht den Menschen zum Tier, treibt ihn in das Sinnliche und tötet die Aufgabe.
Jeder soll dem Nächsten gegenüber ein Vorbild sein. Als Vorbild jedoch muss er, solange der Eindruck des Augenblicks regiert, sich von dem Nächsten auch distanzieren.

<u>Aufgliederung des Textes und Erläuterung</u>

Die letzte Zeit sieht mich selbstbewusster als sonst. Aus dem Zweifel heraus wächst langsam eine Meinung, die ich zu verteidigen gewillt bin.
> *Im Wö. d. dt. Spr. v. Be. wird „Meinung" definiert als „Ansicht, Überzeugung, Standpunkt".*
Gefühllosigkeit gegenüber der Masse soll mir ein Ziel sein,

> Eine Zielsetzung von mir, die mit Sicherheit falsch war.

denn nur der außerhalb des Alltags Stehende vermag in etwa den Dingen ihren Wert zu geben.

> Stimmt nur bedingt, denn ohne eine Beziehung zum Alltag ist eine Wertschätzung der Welt nicht möglich. Um dem Wert der Dinge näherzukommen, ist es jedem freigestellt, sich temporär aus dem Alltag zurückzuziehen.

Jede Gefühlsregung, auch eine noch so kleine, macht den Menschen zum Tier, treibt ihn in das Sinnliche und tötet die Aufgabe.

> Stimmt nicht, denn im Wörterbuch der deutschen Sprache von Bertelsmann hat „Gefühl" an zweiter Stelle die Bedeutung von „seelische Regung, innere Bewegung", an dritter Stelle von „Fähigkeit, zu fühlen, innere Regungen zu haben" und an vierter Stelle von „unerklärbare Stimmung, unbestimmter Eindruck, Ahnung".

Jeder soll dem Nächsten gegenüber ein Vorbild sein!

> Hierbei dürfte es sich wieder um einen inspirierten Einwurf handeln. Von seiner Form und Reife her setzt er sich deutlich von meinen eigenen Gedankengängen ab.

Als Vorbild jedoch muss er, solange der Eindruck des Augenblicks regiert, sich von dem Nächsten auch distanzieren.

> Das ist recht verworren formuliert. Gemeint ist aber wohl, dass man als Vorbild seine Gefühle dem Nächsten gegenüber unter Kontrolle haben soll.

<u>1. März 1957</u>

Unser Handeln sei stets in Begleitung der Frage
„Wozu?" Auch wenn die Antwort, die endgültige,
nicht da ist, so regt doch der Zweifel unser Denken an und bürgt für den Fortschritt.

–

Das Ergebnis einiger gut ausgefallener Klassenarbeiten war meine Versetzung in die S II b.

<u>Erläuterung</u>

Unser Handeln sei stets in Begleitung der Frage
„Wozu?"

> *Diese Frage „Wozu?", das heißt, die
> Frage nach dem Sinn und Zweck unse-
> res Handelns und damit auch nach dem
> Sinn und Zweck unseres Lebens, steht
> seit meiner Jugend im Mittelpunkt
> meines Lebens.*

Auch wenn die Antwort, die endgültige, nicht da
ist, so regt doch der Zweifel

> *Mit Zweifel meinte ich wohl das In-
> Frage-stellen der üblichen bzw. land-*

läufigen Auffassung von Lebenssinn und Lebensinhalt.
unser Denken an und bürgt für den Fortschritt.

> ➤ Wenn man eine Sache oder einen Vorgang hinterfragt, eröffnen sich neue Aspekte. Man wird sich dieser Sache oder dieses Vorganges mehr bewusst.

—

Das Ergebnis einiger gut ausgefallener Klassenarbeiten war meine Versetzung in die S II b.

> ➤ Gemeint ist meine Versetzung in die Mittelstufe des Abendgymnasiums.

<u>2. März 1957</u>

Die moderne Musik, gemeint sind „Rock and Roll" und „Jazz (Dixieland)", dürfte meiner Meinung nach ihren Erfolg der Wesenheit des Menschen verdanken. Einer besonderen natürlich. Sämtliche Dinge unserer Umwelt üben einen Eindruck auf uns aus. Mit einem Urteil a priori geben wir den Dingen einen Wert, das heißt, wir vergleichen sie mit dem Wesen ihres Ideals, wobei das Ideal natürlich von uns geformt oder als allgemein anerkannt uns eingeprägt ist. Die ideale Wesenheit eines Dinges oder eines Begriffes gilt uns also als erstrebenswert und nützlich (wer würde sein Tun ernsthaft als unnütz herausstellen?)
Der „Rock and Roll" zum Beispiel bietet der jungen Generation, insbesondere in der Pubertätszeit, die einmalige Chance, ihr Können, das heißt ihr „Ich", die Persönlichkeit, unter Beweis zu stellen. Denn eben in diesem Entwicklungsstadium drängt die Natur nach vorn. Ich möchte diese Zeit mit dem Anlauf vergleichen, den ein Mensch zum Überspringen eines Abgrundes braucht. Es ist der natürliche (krampfhafte) Versuch, das Selbstvertrauen für das große Unternehmen zu erlangen.

Die moderne Musik, gemeint sind „Rock and Roll" und „Jazz (Dixieland)", dürfte meiner Meinung nach ihren Erfolg der Wesenheit des Menschen verdanken. Einer besonderen natürlich. Sämtliche Dinge unserer Umwelt üben einen Eindruck auf uns aus. Mit einem Urteil a priori geben wir den Dingen einen Wert, das heißt, wir vergleichen sie mit dem Wesen ihres Ideals, wobei das Ideal natürlich von uns geformt oder als allgemein anerkannt uns eingeprägt ist. Die ideale Wesenheit eines Dinges oder eines Begriffes gilt uns also als erstrebenswert und nützlich (wer würde sein Tun ernsthaft als unnütz herausstellen?)

Der „Rock and Roll" zum Beispiel bietet der jungen Generation, insbesondere in der Pubertätszeit, die einmalige Chance, ihr Können, das heißt ihr „Ich", die Persönlichkeit, unter Beweis zu stellen. Denn eben in diesem Entwicklungsstadium drängt die Natur nach vorn. Ich möchte diese Zeit mit dem Anlauf vergleichen, den ein Mensch zum Überspringen eines Abgrundes braucht. Es ist der natürliche (krampfhafte) Versuch, das Selbstvertrauen für das große Unternehmen zu erlangen.

<u>Erläuterung und Deutung</u>

<blockquote>➤ Den fett geschriebenen letzten Absatz des Tagebucheintrages halte ich wieder für inspiriert.</blockquote>

Die moderne Musik, gemeint sind „Rock and Roll" und „Jazz (Dixieland)", dürfte meiner Meinung nach ihren Erfolg der Wesenheit des Menschen verdanken. Einer besonderen natürlich.

<blockquote>➤ Auf letztere wird im Folgenden eingegangen. — Im Wörterbuch der deutschen Sprache von Bertelsmann (Wö. d. dt. Spr. v. Be.) wird „Wesenheit" an erster Stelle definiert als „das, was das Wesen von etwas oder jemandem ausmacht".</blockquote>

Sämtliche Dinge unserer Umwelt üben einen Eindruck auf uns aus. Mit einem Urteil a priori

<blockquote>➤ Im Wö. d. dt. Spr. v. Be. hat „a priori" an erster Stelle die Bedeutung von „(nur) aus dem Denken, aus der Vernunft her, nicht auf Erfahrung beruhend" und an zweiter Stelle von „von vornherein".</blockquote>

geben wir den Dingen einen Wert, das heißt, wir vergleichen sie mit dem Wesen ihres Ideals, wobei das Ideal natürlich von uns geformt oder als allgemein anerkannt uns eingeprägt ist.

> Gemeint ist wohl, dass wir alle Dinge und Vorgänge in unserer Umwelt an einem Ideal messen, das wir uns entweder selbst geschaffen haben oder das uns von der Gesellschaft eingeprägt wurde.

Die ideale Wesenheit eines Dinges oder eines Begriffes gilt uns also als erstrebenswert und nützlich (wer würde sein Tun ernsthaft als unnütz herausstellen?)

Der „Rock and Roll" zum Beispiel bietet der jungen Generation, insbesondere in der Pubertätszeit, die einmalige Chance,

> Im Wö. d. dt. Spr. v. Be. hat „einmalig" an erster Stelle die Bedeutung von „nur einmal vorkommend, geschehend, sich nicht wiederholend" und an zweiter Stelle (im übertragenen Sinn) von „großartig, unübertrefflich".

ihr Können, das heißt ihr „Ich", die Persönlichkeit, unter Beweis zu stellen.

> Im Wertmaß eines jungen Menschen waren damals „Rock and Roll" und

„Jazz" Idealformen der modernen Musik. Ihnen Ausdruck zu verleihen, erhöhte das Selbstwertgefühl und damit auch das Selbstvertrauen.

Denn eben in diesem Entwicklungsstadium drängt die Natur nach vorn. Ich möchte diese Zeit mit dem Anlauf vergleichen, den ein Mensch zum Überspringen eines Abgrundes braucht.

> ➢ „Ein Abgrund symbolisiert meist Lebensschwierigkeiten oder eine kritische Situation ..." (Günter Harnisch)

Es ist der natürliche (krampfhafte) Versuch,

> ➢ Im Wö. d. dt. Spr. v. Be. hat „krampfhaft" an dritter Stelle (im übertragenen Sinn) die Bedeutung von „mit großer, spürbarer Bemühung".

das Selbstvertrauen für das große Unternehmen zu erlangen.

> ➢ Nämlich das Selbstvertrauen für das große Unternehmen „Leben".

<u>3. März 1957, Sonntagmorgen, 11:30 Uhr</u>

In der vergangenen Nacht war ich dem Trunke erlegen!! Natürlich in der äußerst positiven Form.

Mit der Absicht, meinen Interessen durch einen kleinen Besuch einer feucht-fröhlichen Gesellschaft entgegenzukommen, geriet ich in die Verlegenheit, einer missglückten Feuerzangenbowle den Garaus zu machen. Die Urteilsvollstreckung zog sich bis 5:00 Uhr früh hin. Innerhalb dieser Zeit beeindruckte mich folgendes:

1.) Das Aus-sich-Herausgehen des Einzelnen und die damit verbundene gegenseitige

Annäherung (Bei der Auswahl der Gäste muss dieses in erster Linie berücksichtigt

werden).
2.) Das Vermögen zur Teilnahme an einer Gesellschaft, was
3.) den ernsthaften Willen und die Überzeugung voraussetzt.

Sich dieser Dinge immer bewusst zu bleiben, soll eine Tugend des Weinseligen sein.

Mit mir selbst bin ich eigentlich noch nicht zufrieden. Es ist wohl der Ehrgeiz oder ist es der augenblickliche Eindruck der Feier? Ich glaube, da muss erst das Verhältnis vom Witz zum Ernst genau definiert werden. Aber das bedarf einer Überlegung, die objektiver ist als meine augenblickliche.

<u>Aufgliederung des Textes und Erläuterung</u>

In der vergangenen Nacht war ich dem Trunke erlegen!! Natürlich in der äußerst positiven Form. Mit der Absicht, meinen Interessen durch einen kleinen Besuch einer feucht-fröhlichen Gesellschaft entgegenzukommen, geriet ich in die Verlegenheit, einer missglückten Feuerzangenbowle den Garaus zu machen.

> *Nämlich mit anderen der Gesellschaft gemeinsam.*

Die Urteilsvollstreckung zog sich bis 5:00 Uhr früh hin. Innerhalb dieser Zeit beeindruckte mich Folgendes:

1.) Das Aus-sich-herausgehen des Einzelnen und die damit verbundene gegenseitige Annäherung.

> *Interessant ist, was Günter Harnisch diesbezüglich in seinem Traumlexikon schreibt: „Als erfrischendes Getränk bei größeren Gesellschaften weist die Bowle*

als Traumsymbol auf heitere Geselligkeit hin. Erotik kann dabei im Spiel sein." Und: „Das Trinken von Alkohol im Traum hat mehrfache Bedeutung. Es kann ein Hinweis darauf sein, dass der Träumende seine Probleme zu sehr vom Verstand her, zu ‚nüchtern' sieht. Gemeinsames Trinken im Traum deutet auf die Notwendigkeit, eine gefühlsmäßige Bindung zu dem Mittrinkenden herzustellen ..."

(Bei der Auswahl der Gäste muss dieses in erster Linie berücksichtigt
     werden.)

2.) Das Vermögen zur Teilnahme an einer Gesellschaft, was

3.) den ernsthaften Willen und die Überzeugung voraussetzt.

 ➢ Damit meinte ich wohl: was den ernsthaften Willen dazu und das Überzeugtsein davon voraussetzt.

Sich dieser Dinge immer bewusst zu bleiben, soll eine Tugend des Weinseligen sein!

 ➢ Wohl inspiriert

Mit mir selbst bin ich eigentlich noch nicht zufrieden. Es ist wohl der Ehrgeiz

> Wohl zu verstehen im Sinne von: Es ist wohl der Ehrgeiz, mich bei solchen Gelegenheiten hervorzutun

oder ist es der augenblickliche Eindruck der Feier?

> Im Wörterbuch der deutschen Sprache von Bertelsmann hat „Eindruck" an zweiter Stelle die Bedeutung von „Einwirkung auf das Bewusstsein. Gefühl, Denken".

Ich glaube, da muss erst das Verhältnis vom Witz zum Ernst genau definiert werden. Aber das bedarf einer Überlegung, die objektiver ist als meine augenblickliche.

> Bis heute kann ich mir kein abschließendes Urteil erlauben über den Stellenwert von Witz und Ernst bei einer Feier der angeführten Art. Ich denke aber, es kommt auf ihre Ausdrucksformen und Zielsetzung an.

<u>4. März 1957</u>

Der äußere Eindruck einer Sache ist bestimmend für das Urteil, das natürlich von der Vorstellung des jeweiligen Ideals abhängig ist. Die Menge der Ideale ist aber nach einem bestimmten Werturteil geordnet. Dieses Werturteil hängt von der Vorstellung des Besten an sich ab und ähnelt, da wir mehr oder weniger gleich beeinflusst und erzogen werden, dem allgemeinen Urteil.
So erfährt das Wesen eines Menschen, sein Denken, Meinen und Tun eine bestimmte Einschätzung. Und diese ist oft widersinnig und nur durch das Wesen der Subjektivität zu erklären; denn indem sich die Masse ihren Gefühlen hingibt, verliert sie den Blick für die Wirklichkeit und die Prinzipien. Sie betrügt sich.
Ist dieser Betrug zu rechtfertigen? Ich glaube, solange wir Menschen sind, mit Einschränkungen ja. Einschränkungen insofern, als dass Art und Maß des Vergnügens auf das Ziel des Einzelnen abgestimmt sind und nicht die Gefahr einer Verwirrung und die damit verbundene Verwischung der Grundsätze heraufschwören. Die Richtung der Entwicklung muss immer voll verantwortet werden.

<u>Aufgliederung des Textes</u>

Der äußere Eindruck einer Sache ist bestimmend für das Urteil, das natürlich von der Vorstellung des jeweiligen Ideals abhängig ist. Die Menge der Ideale ist aber nach einem bestimmten Werturteil geordnet. Dieses Werturteil hängt von der Vorstellung des Besten an sich ab und ähnelt, da wir mehr oder weniger gleich beeinflusst und erzogen werden, dem allgemeinen Urteil.

So erfährt das Wesen eines Menschen, sein Denken, Reden und Tun, eine bestimmte Einschätzung! Und diese ist oft widersinnig und nur durch das Wesen der Subjektivität zu erklären, denn indem sich die Masse ihren Gefühlen hingibt, verliert sie den Blick für die Wirklichkeit und die Prinzipien! Sie betrügt sich!

Ist dieser Betrug zu rechtfertigen? Ich glaube, solange wir Menschen sind, mit Einschränkungen ja.

Einschränkungen insofern, als dass Art und Maß des Vergnügens auf das Ziel des Einzelnen abgestimmt sind und nicht die Gefahr einer Verwirrung und die damit verbundene Verwischung der Grundsätze heraufbeschwören! Die Richtung der Entwicklung muss immer voll verantwortet werden!

<u>Erläuterung</u>

Der äußere Eindruck einer Sache ist bestimmend für das Urteil,

> Zurückkommend auf das Ende meines Tagebucheintrag vom Vortag. Gemeint ist: Der Eindruck, den man von einer Sache bekommt, ist bestimmend für das Urteil, das man sich über sie bildet.

das natürlich von der Vorstellung des jeweiligen Ideals abhängig ist.

> Gemeint ist wohl: das natürlich davon abhängig ist, wie man sich das jeweilige Ideal vorstellt. — Im Wörterbuch der deutschen Sprache von Bertelsmann hat „Ideal" an erster Stelle die Bedeutung von „Vorbild" und an zweiter Stelle von „Richtschnur, Leitgedanke, Zielpunkt".

Die Menge der Ideale ist aber nach einem bestimmten Werturteil geordnet.

> Mit der „Menge der Ideale" meinte ich sicherlich die unterschiedlichen Vorstellungen der Menschen vom Ideal.

Dieses Werturteil hängt von der Vorstellung des Besten an sich ab und ähnelt, da wir mehr oder weniger gleich beeinflusst und erzogen werden, dem allgemeinen Urteil.

So erfährt das Wesen eines Menschen, sein Denken, Reden und Tun, eine bestimmte Einschätzung! Und diese ist oft widersinnig und nur durch das Wesen der Subjektivität zu erklären, denn indem sich die Masse ihren Gefühlen hingibt, verliert sie den Blick für die Wirklichkeit und die Prinzipien! Sie betrügt sich!

> ➢ Vom Inhalt und Ausdruck her sicherlich wieder ein inspirativ empfangener Kommentar von einer höheren geistigen Ebene.

Ist dieser Betrug zu rechtfertigen? Ich glaube, solange wir Menschen sind, mit Einschränkungen ja.

Einschränkungen insofern, als dass Art und Maß des Vergnügens auf das Ziel des Einzelnen abgestimmt sind und nicht die Gefahr einer Verwirrung und die damit verbundene Verwischung der Grundsätze heraufbeschwören! Die Richtung der Entwicklung muss immer voll verantwortet werden!

<u>5. März 1957</u>

Man untersuche die „laute Musik" ob ihres Ein-
flusses auf das Individuum: inwiefern sie da Veränderungen des augenblicklichen Zustandes
formen und damit eine Abweichung von der Idee
verschulden kann.
Weiterhin ist zu fragen, ob die Intensität dieser
Musik nicht eine natürliche Geistesentwicklung
stark schädigen – wenn nicht ausschalten kann.

<u>Aufgliederung des Textes und Erläuterung</u>

Man untersuche die „laute Musik" ob ihres Ein-
flusses auf das Individuum, inwiefern sie da Veränderungen des augenblicklichen Zustandes
formen und damit eine Abweichung von der Idee
verschulden kann.

> *Damit stellte ich wohl die Frage, ob laute Musik das Individuum physisch und psychisch verändern und damit ein Abweichen von seiner Ausrichtung auf den Idealzustand verschulden kann. – Im Wörterbuch der deutschen Sprache von Bertelsmann hat „Idee" an erster*

Stelle (in der Philosophie Platons) die Bedeutung von „Urform, Urbild".

Weiterhin ist zu fragen, ob die Intensität dieser Musik nicht eine natürliche Geistesentwicklung stark schädigen, wenn nicht ausschalten kann!

➢ Von der Ausdrucksweise her si-cherlich inspiriert.

Die Empfindung des besonderen Eindrucks ist bezeichnend für die Erfahrung des Individuums; denn mittels der Erfahrung a priori erkennt und beurteilt man den Eindruck. In seiner Stellungnahme charakterisiert sich hier das Individuum insofern, dass es hier den Stand seiner geistigen Entwicklung offenbart und durch ein „Ja" oder „Nein" – sehr aufschlussreich für die Psychologie ist natürlich der „Zweifel" – seine Haltung kundtut.

Aufgliederung des Textes und Erläuterung

Die Empfindung des besonderen Eindrucks ist bezeichnend für die Erfahrung des Individuums,

> ➢ *Wieder im Ausdruck schwer verständlich. Gemeint ist wohl: Bezeichnend für die Erfahrung des Individuums ist es, einen besonderen Eindruck bzw. einen Eindruck als einen besonderen zu empfinden. – Im Wörterbuch der deutschen Sprache von Bertelsmann (Wö. d. dt. Spr. v. Be.) hat „Eindruck" an dritter Stelle die Bedeutung von „auf bestimm-*

te Weise ausgeübte Wirkung", zum Beispiel "was hast du für einen Eindruck".
– Und "bezeichnend" bedeutet nach dem gleichen Wörterbuch "kennzeichnend, von anderen unterscheidend, charakteristisch".

denn mittels der Erfahrung a priori erkennt und beurteilt man den Eindruck.

> Im Wö. d. dt. Spr. v. Be. hat "a priori" an zweiter Stelle die Bedeutung von "von vornherein".

In seiner Stellungnahme charakterisiert sich hier das Individuum insofern, dass es den Stand seiner geistigen Entwicklung offenbart und durch ein „Ja" oder „Nein" – sehr aufschlussreich für die Psychologie ist natürlich der „Zweifel" – seine Haltung kundtut!

> Ein inspirierter Kommentar

<u>10. März 1957</u>

Erlebnisse, Eindrücke, Gemütsstimmungen und vieles anderes formen im menschlichen Geist eine bestimmte Vorstellung. So haben wir bei dem Anblick eines Leckerbissens eine auf den Wohlgeschmack bezogene Vorstellung, bei dem Anblick eines Reiseprospekts eine bestimmte Ferienvorstellung und schließlich bringen wir den Ton von kreischenden Bremsen mit Blut in Verbindung. Es spielen also für das Verstehen des Eindrucks eine Menge Faktoren eine Rolle; denn um eine bestimmte Vorstellung zu besitzen, muss für diesen Fall ein Erlebnis oder Eindruck stattgefunden haben. Was kann ein Laie mit den Erkenntnissen der Naturwissenschaften anfangen (sich erklären), wenn er das Stadium der Entwicklung nicht erfährt?

Es verhält sich ähnlich beim Betrachten eines Bildes oder Gegenstandes; erst wenn das Bild im Einzelnen oder Gesamten eine bestimmte Vorstellung zu erwecken vermag, kann es als positiv oder negativ empfunden werden. Im anderen Falle ist es nur ein erster Eindruck, eine neue Substanz, die beim Betrachten eines Ähnlichen die Vorstellung und daher das Maß ist. Die allgemeine Verständnislosigkeit gegenüber dem Impressionismus und Expressionismus beruht auf dem Mangel an Vorstellung. Die Objektivität ist als Vorhandenes allen zugänglich, die Subjektivität aber, soweit sie nicht Allgemeingut geworden ist, nur dem Ausgangspunkt, dem Einzelnen.

<u>Aufgliederung des Textes</u>

Erlebnisse, Eindrücke, Gemütsstimmungen und vieles anderes formen im menschlichen Geist eine bestimmte Vorstellung. So haben wir beim Anblick eines Leckerbissens eine auf den Wohlgeschmack bezogene Vorstellung, beim Anblick eines Reiseprospekts eine bestimmte Ferienvorstellung und schließlich bringen wir den Ton von kreischenden Bremsen mit Blut in Verbindung. Es spielen also für das Verstehen des Eindrucks eine Menge Faktoren eine Rolle; denn um eine bestimmte Vorstellung zu besitzen, muss für diesen Fall ein Erlebnis oder Eindruck stattgefunden haben. Wie kann sich ein Laie die Erkenntnisse der Naturwissenschaften erklären, wenn er das Stadium der Entwicklung nicht erfährt?
Es verhält sich ähnlich beim Betrachten eines Bildes oder Gegenstandes. Erst wenn das Bild im Einzelnen oder Gesamten eine bestimmte Vorstellung zu erwecken vermag, kann es als positiv oder negativ empfunden werden. Im anderen Falle ist es nur ein erster Eindruck, eine neue

Substanz, die beim Betrachten eines Ähnlichen die Vorstellung und daher das Maß ist.

Die allgemeine Verständnislosigkeit gegenüber dem Impressionismus und Expressionismus beruht auf dem Mangel an Vorstellung!

Die Objektivität ist als Vorhandenes allen zugänglich, die Subjektivität aber, soweit sie nicht Allgemeingut geworden ist, nur dem Ausgangspunkt, dem Einzelnen.

Erläuterung

Erlebnisse, Eindrücke, Gemütsstimmungen und vieles anderes formen im menschlichen Geist eine bestimmte Vorstellung. So haben wir beim Anblick eines Leckerbissens eine auf den Wohlgeschmack bezogene Vorstellung, beim Anblick eines Reiseprospekts eine bestimmte Ferienvorstellung und schließlich bringen wir den Ton von kreischenden Bremsen mit Blut in Verbindung.

> ➤ Dass wir kreischende Bremsen immer mit Blut in Verbindung bringen, stimmt nicht. Im Übrigen wollte ich mit den vorstehenden Sätzen ausdrücken, dass unsere Vorstellung von irgendeiner Sa-

che oder eines Vorganges abhängig ist von unseren früheren Erfahrungen.

Es spielen also für das Verstehen des Eindrucks eine Menge Faktoren eine Rolle; denn um eine bestimmte Vorstellung zu besitzen, muss für diesen Fall ein Erlebnis oder Eindruck stattgefunden haben.

> Gemeint ist wohl: Um einen Eindruck verstehen zu können, muss man durch einen entsprechenden früheren Eindruck oder durch ein entsprechendes früheres Erlebnis eine Vorstellung von ihm haben.

Wie kann sich ein Laie die Erkenntnisse der Naturwissenschaften erklären, wenn er das Stadium der Entwicklung nicht erfährt?

> Besser ausgedrückt: Wie kann sich ein Laie die Erkenntnisse der Naturwissenschaften erklären, wenn er die einzelnen Entwicklungsschritte dazu nicht erfährt?

Es verhält sich ähnlich beim Betrachten eines Bildes oder Gegenstandes. Erst wenn das Bild im Einzelnen oder Gesamten eine bestimmte Vorstellung zu erwecken vermag, kann es als positiv oder negativ empfunden werden.

> Genauer ausgedrückt: Erst wenn das Bild in seinen Details oder als Ganzes eine bestimmte Vorstellung zu erwecken vermag, kann es als positiv oder negativ empfunden werden.

Im anderen Falle ist es nur ein erster Eindruck, eine neue Substanz, die beim Betrachten eines Ähnlichen die Vorstellung und daher das Maß ist.

> Besser ausgedrückt: Anderenfalls stellt es etwas Neues dar, das, wenn Ähnliches betrachtet wird, als vorhandene Vorstellung zum Maß wird. – Im Wörterbuch der deutschen Sprache von Bertelsmann (Wö. d. dt. Spr. v. Be.) hat „Maß" an zweiter Stelle die Bedeutung von „Gegenstand, der dazu dient, etwas zu messen".

Die allgemeine Verständnislosigkeit gegenüber dem Impressionismus und Expressionismus beruht auf dem Mangel an Vorstellung!

> Von ihrem sich vom übrigen Text absetzenden Sprachstil her ist diese Bemerkung nach meinem Dafürhalten wieder inspiriert.

Die Objektivität ist als Vorhandenes allen zugänglich,

> ➢ Im Fremdwörterlexikon von Wahrig
> wird Objektivität übersetzt mit „objek-
> tive Beschaffenheit, Allgemeingültigkeit,
> objektive Betrachtungsweise, Sachlich-
> keit, Vorurteilslosigkeit". Und im Wö. d.
> dt. Spr. v. Be. wird „Objektivität" defi-
> niert als „Sachlichkeit, Vorurteilslosig-
> keit".

die Subjektivität aber, soweit sie nicht Allgemeingut geworden ist,

> ➢ Im Wö. d. dt. Spr. v. Be. wird „Subjek-
> tivität" definiert als „persönliche Auf-
> fassung, Unsachlichkeit".

nur dem Ausgangspunkt, dem Einzelnen.

<u>13. März 1957</u>

Eine überaus beruhigende Sicherheit hat sich in der letzten Zeit meiner angenommen. Die sich dauernd zu bestätigen scheinende Gewissheit (für mich), dass unser Leben, das heißt unser Denken und Handeln, das Produkt vieler Faktoren ist, mithin relativ zum vorigen und davon abhängig, erzeugt eine gewisse Sicherheit. Sie vernichtet die Angst vor dem Gedankengebäude der Philosophie und ähnlicher Geisteswissenschaften, indem sie dem Ganzen ein Prinzip zu Grunde legen kann und somit das Verständnis erleichtert.

Es muss für „Menschen" erschreckend sein, dies unvorbereitet zu erfahren, das heißt, es besteht, da ein Glaube an ein höheres Wesen oder ein Glauben an das „Ich" vorhanden ist, kein Interesse am Zweifel. Ein gewaltiges Chaos wird sich zunächst bilden, und zwar besonders in der Masse. Masse insofern, dass sie die Gläubigen (Seelen) und die vielen Herrgötterchen vertritt. Diese genannten sind überflüssig in der Entwicklung und dürften in der Zukunft nur noch als eine bestimmte Tiergattung geführt werden. Subjektivität, bewusst oder unbewusst, setzt immer unkontrollierte Gefühlsregungen voraus und führt niemals über das eigene „Ich" hinaus.

Heute habe ich zum ersten Mal unbeeinflusster als in der Vergangenheit über den Wert einer Heirat nachgedacht.

<u>Aufgliederung des Textes</u>

Eine überaus beruhigende Sicherheit hat sich in der letzten Zeit meiner angenommen. Die sich dauernd zu bestätigen scheinende Gewissheit (für mich), dass unser Leben, das heißt unser Denken und Handeln, das Produkt vieler Faktoren ist, mithin relativ zum vorigen und davon abhängig, erzeugt eine gewisse Sicherheit.

Sie vernichtet die Angst vor dem Gedankengebäude der Philosophie und ähnlicher Geisteswissenschaften, indem sie dem Ganzen ein Prinzip zu Grunde legen kann und somit das Verständnis erleichtert.

Es muss für den Menschen erschreckend sein, dies unvorbereitet zu erfahren, das heißt, es besteht, da ein Glaube an ein höheres Wesen oder ein Glauben an das „Ich" vorhanden ist, kein Interesse für den Zweifel. Ein gewaltiges Chaos wird sich zunächst bilden, und zwar besonders in der Masse. Masse insofern, dass sie die Gläubigen (Seelen) und die vielen Herrgötterchen ver-

76

tritt. Diese Genannten sind überflüssig in der Entwicklung und dürften in der Zukunft nur noch als eine bestimmte Tiergattung geführt werden.

Subjektivität, bewusst oder unbewusst, setzt immer unkontrollierte Gefühlsregungen voraus und führt niemals über das eigene „Ich" hinaus.

—

Heute habe ich zum ersten Mal unbeeinflusster als in der Vergangenheit über den Wert einer Heirat nachgedacht.

<u>Erläuterung</u>

Eine überaus beruhigende Sicherheit hat sich in der letzten Zeit meiner angenommen. Die sich dauernd zu bestätigen scheinende Gewissheit (für mich), dass unser Leben, das heißt unser Denken und Handeln, das Produkt vieler Faktoren ist, mithin relativ zum vorigen und davon abhängig, erzeugt eine gewisse Sicherheit.

> ➤ *Vom Satzbau her und auch inhaltlich etwas schwer verständlich.*

Sie vernichtet die Angst vor dem Gedankengebäude der Philosophie und ähnlicher Geistes-

wissenschaften, indem sie dem Ganzen ein Prinzip zu Grunde legen kann und somit das Verständnis erleichtert.

> ➢ *Ein Kommentar von einer höheren geistigen Ebene*

Es muss für den Menschen erschreckend sein, dies unvorbereitet zu erfahren,

> ➢ *Nämlich das gerade Vorgebrachte*

das heißt, es besteht, da ein Glaube an ein höheres Wesen oder ein Glauben an das „Ich" vorhanden ist, kein Interesse für den Zweifel.

> ➢ *Also für einen Zweifel an seinem Weltbild*

Ein gewaltiges Chaos wird sich zunächst bilden, und zwar besonders in der Masse. Masse insofern, dass sie die Gläubigen (Seelen) und die vielen Herrgötterchen vertritt. Diese Genannten sind überflüssig in der Entwicklung und dürften in der Zukunft nur noch als eine bestimmte Tiergattung geführt werden.

> ➢ *Diese Textstelle, für die ich meine Leser wieder um Entschuldigung bitten muss, zeugt von meiner damaligen Unwissenheit und Unreife.*

Subjektivität, bewusst oder unbewusst, setzt immer unkontrollierte Gefühlsregungen voraus und führt niemals über das eigene „Ich" hinaus.

> ➤ Sicherlich als Kommentar zu verstehen auf meine letzten „unkontrollierten Gefühlsregungen". Ich werde darauf hingewiesen, dass solche subjektiven Äußerungen daran hindern, objektiv zu werden bzw. zu betrachten.

—

Heute habe ich zum ersten Mal unbeeinflusster als in der Vergangenheit über den Wert einer Heirat nachgedacht.

> ➤ Was ich mit „unbeeinflusster als in der Vergangenheit" meinte, weiß ich heute nicht mehr.

Innerhalb einer jeglichen Gemeinschaft, freiwillig oder unfreiwillig, muss sich ein geistiges Zentrum herausbilden, um als Autorität Führer der allgemeinen Interessen zu sein. Dem Einzelnen muss der Weg zu diesem geöffnet sein, im Verhältnis zu seiner Veranlagung muss ihm das geboten werden, was zur Erkenntnis des Höheren (Ganzen) führt. Es muss die Fertigkeit in Analyse und Relation der Eindrücke angestrebt werden.

Erläuterung

> ➢ Tagebucheintrag meines Erachtens inspiriert und in Fortsetzung des Tagebucheintrags vom 13. März.

Innerhalb einer jeglichen Gemeinschaft, freiwillig oder unfreiwillig, muss sich ein geistiges Zentrum herausbilden, um als Autorität Führer der allgemeinen Interessen zu sein. Dem Einzelnen muss der Weg zu diesem geöffnet sein. Im Verhältnis zu seiner Veranlagung muss ihm das geboten werden, was zur Erkenntnis des Höheren (Ganzen) führt. Es muss die Fertigkeit in Analyse und Relation der Eindrücke angestrebt werden.

➢ Im Wö. d. dt. Spr. v. Be. wird „Relation" definiert als „Beziehung, Verhältnis
(mehrerer Dinge zueinander)". Synonyme für „Relation" sind nach dem
Duden unter anderem „Beziehung, Verbindung, Verknüpfung".

Es ist 8:00 Uhr abends.
Ein eindrucksvolles Bild zog eben vor meinem Fenster einher. Der durch den letzten Tagesschimmer eben noch sichtbare Himmel, unergründlich scheinend in seiner schwarz-grauen Färbung, erregte in mir eine gewaltige, teils unheimliche Vorstellung. Weit über dem dunklen Horizont, der eben seine ersten Lichter in den Abend hinausstrahlte und mahnend die Schornsteine der Fabriken gegen die letzte Vermutung der Sonne absetzte, begann eine Formierung der Wolkenmassen. Von undurchdringlicher Schwärze schienen sie zu sein, geradeso, als ob sie sich dessen bewusst wären, wie erstickend eine schwarze Klaue wirkt; denn es war eine Klaue, was aus dem Gewühl und Gedränge der Wassermassen geformt wurde, eine Klaue, tiefschwarz gegen das letzte Licht und in sich verzerrt und sich dauernd weiter verzerrend. Aus dem Gebilde wuchsen die Krallen, und diese Krallen, fetzenförmig und nicht abschätzbar, wuchsen zur Erde, und Klaue und Krallen wurden von einem kräftigen, bulligen, den schlimmsten Träumen bekannten Unterarm weitergestoßen und schienen durch mein Fenster zu langen.

Ein Eindruck, den eine reiche, das heißt natürliche, aber keine zielbewusste Fantasie gefühlsmäßig auswerten könnte, wovon ja auch jedenfalls nicht wenig Gebrauch gemacht wird.

<u>Erläuterung und Deutung</u>
> *Ein reales Erlebnis, dessen Schilderung wohl inspiriert wurde und geradezu dazu drängt, gedeutet zu werden.*

Es ist 8:00 Uhr abends.
Ein eindrucksvolles Bild zog eben vor meinem Fenster einher.
> *„Bilder jeder Art beziehen sich immer auf die Persönlichkeitsstruktur des Träumenden …" (Günter Harnisch). – Zu „Fenster" heißt es bei „Der Traumdeuter.ch" unter anderem: „<u>Psychologisch</u>: Der Träumende nimmt nicht direkt am Geschehen des Lebens teil, er befindet sich eher in der Rolle des Beobachters …"*

Der durch den letzten Tagesschimmer eben noch sichtbare Himmel,

> „Der Tag deutet im Traum auf eine Annäherung der Trauminformation an das Wachbewusstsein ...“ (Günter Harnisch). – Im Wörterbuch der deutschen Sprache von Bertelsmann (Wö. d. dt. Spr. v. Be.) hat „Himmel“ an erster Stelle die Bedeutung von „Luftraum über der Erde, der als Halbkugel wahrgenommen wird“ und an zweiter Stelle von „Aufenthalt Gottes oder der Götter sowie (nach christlicher Lehre) der Seligen, Paradies“. – „Im Traum bedeutet der Himmel das Reich des Geistes, des hohen Gedankenfluges und den Ort, aus dem schöpferische Einfälle stammen ...“ (Günter Harnisch)

unergründlich scheinend in seiner schwarzgrauen Färbung,

> Im Wö. d. dt. Spr. v. Be. hat „unergründlich“ an zweiter Stelle die Bedeutung von „nicht zu ergründen, unerklärlich, geheimnisvoll“. – „Schwarz ist im Traum das Signal für einen seelischen Stillstand, auch für Trauer und

84

Tod ..." (Günter Harnisch). – Zu „grau" heißt es beim gleichen Autor: „Dieses Traumbild ist immer an andere, in ihrer Bedeutung stärkere Symbole gebunden. Auf sie ist daher besonders zu achten. Allgemein ist die Farbe Grau Hinweis auf unauffälliges, unpersönliches Verhalten, auf unentschlossene, nicht recht bestimmbare Gedanken und Gefühle." – Im Wö. d. dt. Spr. v. Be. hat „grau" an zweiter Stelle die Bedeutung von „öde, eintönig".

erregte in mir eine gewaltige, teils unheimliche Vorstellung. Weit über dem dunklen Horizont,

➤ Zu Horizont schreibt Günter Harnisch: „Dieses Traumbild symbolisiert die Grenzen des Träumenden in der Aufnahme und Verarbeitung geistiger und seelischer Eindrücke." – „Was im Dunkel liegt, kann man nicht durchschauen und nicht begreifen. Damit sind Gedanken, Gefühle und Handlungen gemeint. Als Traumbild weist die Dunkelheit meist auf Verständnislosigkeit, Unwissenheit, das Unbewusste, Angst, Alter und Tod hin. Dieses Bild stellt oft unklare Ahnungen und Gefühle dar, Zweifel und Ungewissheit ..." (Günter Harnisch)

der eben seine ersten Lichter in den Abend hinausstrahlte

> Im Wö. d. dt. Spr. v. Be. hat „Licht" an fünfter Stelle die Bedeutung von „geistige Fähigkeiten, Wissen". — „Der Abend als Landschaftsbild oder als Stimmungslage ist meist ein Zeichen für den Träumenden, dass er sich in seinem Traum dem Bereich des Unbewussten nähern wird. Der Abend im Traum kann auch einen Hinweis auf den Lebensabend enthalten." (Günter Harnisch)

und mahnend die Schornsteine der Fabriken

> „Nämlich wie mahnend erhobene Zeigefinger. — Und zum Mann sprach er: Weil du gehorcht hast der Stimme deiner Frau und gegessen von dem Baum, von dem ich dir gebot und sprach: Du

sollst nicht davon essen –, verflucht sei der Acker um deinetwillen! Mit Mühsal sollst du dich von ihm nähren dein Leben lang. Dornen und Disteln soll er dir tragen, und du sollst das Kraut auf dem Felde essen. Im Schweiße deines Angesichts sollst du dein Brot essen, bis du wieder zu Erde wirst, davon du genommen bist. Denn **Staub** bist du und zum Staub kehrst du zurück." (1. Mose 3:17-19)

gegen die letzte Vermutung der Sonne absetzte,

> ➢ „Die Sonne ist eines der positivsten Traumsymbole. Sie kennzeichnet im Traum stets produktive schöpferische Energie, die künstlerische Ideen oder Bewusstseinsprozesse in Gang bringt." (Günter Harnisch). – „Die positive (männliche) Kraft der Seele, Energiesymbol des Lebens, des Schöpferischen, des Befruchtenden, denn in den meisten Kulturen wird die Sonne als männlich angesehen. Wo sie im Traum aufgeht, da ist Erfolg in allen Lebensberei-

chen zu erwarten. Wo sie untergeht, mündet eine Glücksphase ins Alltägliche. Die leuchtende Kraft der Sonne erhellt unser Bewusstsein und macht uns für neue und gute Taten bereit ..." (Georg Fink). – „... Das leuchtendste und größte Energiesymbol ist die Sonne. Wo sie im Traum aufgeht, ist stärkste Wirkung, ist ein tätiger Morgen zu erwarten. Nur in den Wüstenträumen kann die sengende Glut dem Wanderer den Tod bringen. Sonst aber ist sie die Bringerin des Lebens, des Schöpferischen, Befruchtenden. Sonnenuntergänge aber sind im Traum meist von negativer Bedeutung, eine Bewusstseinsphase geht zu Ende." (Ernst Aeppli). – „... Betrachten wir die Sonne (Orange) und die Erde (Blau), so finden wir in ihnen Urbild und Vorbild des Liebens. Das war auch der Inhalt der Sonnenreligion Altägyptens und wird auch die Religion des Wassermannzeitalters, des Evangeliums

der Sonne sein." (Heinrich Elijah Benedikt)

begann eine Formierung der Wolkenmassen.

> „Dieses Traumbild gibt Hinweis auf die gegenwärtige Stimmungslage des Träumenden. Weiße Wolken an einem blauen Himmel deuten auf Heiterkeit und Optimismus. Dunkle Regenwolken symbolisieren eine pessimistische oder depressive Stimmung. Brauen sich Gewitterwolken zusammen, so stehen heftige Gefühlsausbrüche bevor." (Günter Harnisch)

Von undurchdringlicher Schwärze schienen sie zu sein,

> Nämlich von einer für das Sonnenlicht undurchdringlichen Schwärze

geradeso, als ob sie sich dessen bewusst wären, wie erstickend eine schwarze Klaue wirkt;

> Im Wö. d. dt. Spr. v. Be. hat „ersticken" an erster Stelle die Bedeutung von: „aus Mangel an Sauerstoff, an Luft sterben". – Zu „Luft" schreibt Günter Harnisch unter anderem: „Sie gilt als Symbol für schöpferisches Denken und die Kräfte

der Fantasie …" – „… Von jeher ist nun
die **Luft** als das Medium des Geistes
empfunden worden …" (Ernst Aeppli)

denn es war eine Klaue, was aus dem Gewühl
und Gedränge der Wassermassen geformt wurde,

> Nämlich aus den Wassermassen der
> Wolken. – „Das Wasser symbolisiert im
> Traum unbewusste seelische Energie …"
> (Günter Harnisch)

eine Klaue, tiefschwarz gegen das letzte Licht

> … gegen das letzte Licht der Sonne. –
> „Licht ist Symbol für Bewusstsein, Ver-
> stand, Erkenntnisvermögen, geistige
> und gefühlsmäßige Klarheit, Ausgegli-
> chenheit und Lebenskraft, Hoffnung
> und Freude am Leben. Das Licht besei-
> tigt Unwissenheit und Zweifel …" (Gün-
> ter Harnisch)

und in sich verzerrt und sich dauernd weiter verzerrend. Aus dem Gebilde wuchsen die Krallen,
und diese Krallen, fetzenförmig und nicht abschätzbar, wuchsen zur Erde,

> „Im Schoß der Erde liegt die Saat. Sie
> reift zu neuem Leben heran. Dement-

sprechend weist Erde als Traumsymbol meist auf Körperlichkeit, Fruchtbarkeit, Mütterlichkeit und Nähren hin. Wer tief in die Erde eindringt, gelangt in Bereiche der Vergangenheit, der Geschichte und des Todes. Wer aus der Erde aufsteigt, erwacht zu neuem Leben. Mit diesem Traumbild kann auch die Geschichte der eigenen Persönlichkeit gemeint sein. Wer sich zu tief in die Erde eingräbt, lebt nur noch seinen Erinnerungen. Er entfernt sich von der Wirklichkeit. Wer sich aus der Erde befreit, wird lebenstüchtig. Er erlebt eine körperliche oder geistige Wiedergeburt und gewinnt neue Lebensperspektiven ..." (Günter Harnisch)

und Klaue und Krallen wurden von einem kräftigen, bulligen, den schlimmsten Träumen bekannten Unterarm weitergestoßen und schienen durch mein Fenster zu langen. –

> „Arm und Hand gehören eng zusammen. In der Traumsprache ist der Arm die Grundlage des Handelns." (Günter Harnisch)

Ein Eindruck, den eine reiche, das heißt natürliche, aber keine zielbewusste Fantasie

> ➤ Also eine Fantasie, die sich keines Zieles bewusst ist. – Im Wö. d. dt. Spr. v. Be. wird „zielbewusst" definiert als „auf ein Ziel gerichtet, ein Ziel anstrebend".

gefühlsmäßig auswerten könnte, wovon ja auch jedenfalls nicht wenig Gebrauch gemacht wird.

<u>23. März 1957</u>

Sicherheit und Wohlstand sind die Schuldigen am geistigen Tod eines Volkes. Um diesem zu entrinnen, muss man die Bürde der allgemeinen Meinung abstreifen und die reine Erkenntnis suchen, was ja die Überwindung des Körpers voraussetzt.

<u>Erläuterung</u>

Sicherheit und Wohlstand sind die Schuldigen am geistigen Tod eines Volkes.

> ➢ *Ob das so stimmt, möchte ich dahingestellt lassen. Allerdings sind Menschen, die in Sicherheit und Wohlstand leben, in der Regel zufrieden und wenig interessiert daran, ihr derzeitiges Leben in Frage zu stellen. Sie streben meist nicht nach Höherem, was gewissermaßen mit einem Zustand von geistiger Stagnation zu vergleichen ist.*

Um diesem zu entrinnen, muss man die Bürde der allgemeinen Meinung abstreifen und die reine Erkenntnis suchen, was ja die Überwindung des Körpers voraussetzt.

➢ Wohl zu verstehen im Sinne von: Wenn man dieses erkennt und für sich nicht will, muss man sich von der allgemeinen Meinung oder Vorstellung von „Leben" distanzieren und den Erkenntnisweg gehen. Dazu muss man das Verlangen seines Körpers unter Kontrolle bringen.

Das Leben der Masse ist der Versuch, so angenehm wie möglich die Zeitspanne zwischen Geburt und Tod zu überbrücken.

Ein unbändiges Sehnen, ein zweifelndes Hoffen –
oh Leben, vollende mich.
Durch Jahre, durch Monde, Wochen und Nächte
– verfolgt mich der Ruf der Natur.
Weckt Sinne und Bilder und fernes Vergangnes –
will formen mein Wesen, mein Tun.
Ich trotze! Doch trotz' ich? – wozu? Was weiß ich
vom Lieben, was ist seine Art?
Ich wag' nur zu hoffen: mich treffe einst das, was
Völker besungen und Völker warf ins Verderben.
Die Macht der Natur, als Erstes vorhanden, ist
immer bereit, das Fleisch zu besiegen.
Doch dieses fürcht' ich, ich kämpfe dagegen, es
ist ein grausamer Kampf.
Er gleicht dem Streit zwischen Gott und Geschöpfen, Geschöpfen, die Gott wollen sein:
denn Gott ist die Güte, Gott ist das Leben –
gottgleich ich die Liebe will.
Wer wagt mir zu trotzen – ich will ihn vernichten,
ich will erfüllen mein Lebensziel.
Gott ist die Sehnsucht, Gott ist das Streben –
Gott ist die Liebe, die Ordnung, Vernunft.

So will ich der Liebe mich einst hingeben – mein
Denken, mein Leben – erwachse doch bald.

<u>Aufgliederung des Textes</u>

Das Leben der Masse ist der Versuch, so angenehm wie möglich die Zeitspanne zwischen Geburt und Tod zu überbrücken.

–

Ein unbändiges Sehnen, ein zweifelndes Hoffen,
oh Leben, vollende mich!
Durch Jahre, durch Monde, Wochen und Nächte
verfolgt mich der Ruf der Natur.
Weckt Sinne und Bilder und fernes Vergangnes,
will formen mein Wesen, mein Tun.
Ich trotze! Doch trotz' ich? – Wozu?
Was weiß ich vom Lieben, was ist seine Art?
Ich wag' nur zu hoffen, mich treffe einst das,
was Völker besungen ...

Und Völker warf ins Verderben!
Die Macht der Natur, als Erstes vorhanden,
ist immer bereit, das Fleisch zu besiegen!

Doch dieses fürcht' ich, ich kämpfe dagegen,
es ist ein grausamer Kampf!

Er gleicht dem Streit zwischen Gott und Ge-
schöpfen,
Geschöpfen, die Gott wollen sein;
denn Gott ist die Güte, Gott ist das Leben ...

Gottgleich ich die Liebe will!
Wer wagt mir zu trotzen?
Ich will ihn vernichten,
ich will erfüllen mein Lebensziel!

Gott ist die Sehnsucht, Gott ist das Streben,
Gott ist die Liebe, die Ordnung, Vernunft!

So will ich der Liebe mich einst hingeben,
mein Denken, mein Leben!

Erwachse doch bald!

Erläuterung

Das Leben der Masse ist der Versuch, so angenehm wie möglich die Zeitspanne zwischen Geburt und Tod zu überbrücken.

> Heute sehe ich das differenzierter. Man
> muss bedenken, dass die sogenannte
> „Masse" das Hauptkontingent unserer
> Bevölkerung ausmacht und dass ihr vie-

les, was unsere Gemeinschaft, Gesellschaft und Kultur angeht, zu verdanken ist. Bezüglich ihrer psychischen Entwicklung ist wohl Geduld angesagt. Allerdings sollte immer wieder darauf aufmerksam gemacht werden, dass unser derzeitiges Leben nicht allein das ist, wozu wir ins Dasein kamen. Unsere seelisch-geistige Entwicklung geht auf ein Leben weit höherer Qualität zu. Eine große Zahl von entsprechenden Erfahrungsberichten dazu liegt vor.

—

Ein unbändiges Sehnen, ein zweifelndes Hoffen, oh Leben, vollende mich!

> Dieser Eintrag in Versform ist ein wohl überwiegend inspiriertes Seelenbild von mir, vor allem, was mein damaliges Liebesverlangen und meine damalige Vorstellung von der Liebe angeht. Meine diesbezüglichen Aussagen wurden, wie ich jetzt nach über 50 Jahren feststelle, von einer geistig höheren Ebene kom-

mentiert. Dazu ist zu sagen, dass ich damals niemanden hatte, der mich so richtig verstand und der meine vielen Fragen, meist unsere Existenz angehend, beantworten konnte.

Durch Jahre, durch Monde, Wochen und Nächte
verfolgt mich der Ruf der Natur.

> ➤ *Gemeint ist der Sexualtrieb mit seinem Liebesverlangen.*

Weckt Sinne und Bilder und fernes Vergangnes,
will formen mein Wesen, mein Tun.
Ich trotze! Doch trotz' ich? – Wozu?
Was weiß ich vom Lieben, was ist seine Art?
Ich wag' nur zu hoffen, mich treffe einst das,
was Völker besungen ...

> ➤ *Nämlich die sexuelle Kontaktaufnahme mit einem Mädchen bzw. einer Frau.*

Und Völker warf ins Verderben!
Die Macht der Natur, als Erstes vorhanden,
ist immer bereit, das Fleisch zu besiegen!

> ➤ *Im Wörterbuch der deutschen Sprache von Bertelsmann (Wö. d. dt. Spr. v. Be.) hat „Fleisch" an dritter Stelle die Bedeutung von „der menschliche Körper (im Gegensatz zum Geist)".*

Doch dieses fürcht' ich, ich kämpfe dagegen,
es ist ein grausamer Kampf!

Er gleicht dem Streit zwischen Gott und Geschöpfen,
Geschöpfen, die Gott wollen sein;
denn Gott ist die Güte, Gott ist das Leben ...

Gottgleich ich die Liebe will!
Wer wagt mir zu trotzen?
Ich will ihn vernichten,
ich will erfüllen mein Lebensziel!
> ➢ Eine unreife und in sich widersprüchliche Lebenseinstellung.

Gott ist die Sehnsucht, Gott ist das Streben,
Gott ist die Liebe, die Ordnung, Vernunft!
> ➢ Weitere Wesensmerkmale Gottes als Antwort auf den vorausgegangenen Vers.

So will ich der Liebe mich einst hingeben,
mein Denken, mein Leben!
> ➢ Meine Annahme dieses mir unbewusst inspirierten Gottesbildes als Lebensziel.

Erwachse doch bald!

➢ „Aus etwas erwachsen" bedeutet nach dem Wö. d. dt. Spr. v. Be. „aus etwas entstehen, hervor".

Ähnlich einer undurchdringlichen Mauer steht die Gewalt der Masse. Sie verkörpert die allgemeine Anschauung und legt diese ihrem Rechtswesen zu Grunde (Prinzipien für die Erhaltung der Gemeinschaft). Dem Allgemeinen aber steht das Einzelne entgegen, insofern, dass das Allgemeine eben als gutes Wesen (Überlieferung, Glauben, Gefühlsleben) anerkannt und vertraut, dagegen das Einzelne erst durch eine neue Kombination von Eindrücken und Erinnerungen entstanden ist. Diesem Einzelnen begegnet man naturgemäß misstrauend, ja bis zum Hass hinneigend. Naturgemäß deshalb, weil es den erprobten und geprüften Zustand reformieren oder revolutionieren will. Es ist also eine Angst vor der Zukunft, um den Fortbestand des Lebens. Hass aber bringt man der Sache dann entgegen, wenn das persönliche „Ich" angegriffen wird, wenn dem „Ich" das Erkenntnisvermögen abgesprochen wird. Es sind also zwei Faktoren, die die Geburt einer neuen Erkenntnis maßgebend stören.

1.) Die Angst um den Fortbestand des alten Zustandes, des Lebens.

2.) Verteidigung des „Ich". Die mehr oder weniger deutliche Verurteilung der Anschauung, die jedes Glied der Masse besitzt (Pers. Verletzung).

Ist eine neue Idee entwickelt, so wird sie mit diesen Gegebenheiten ins Gedränge kommen. Hier ist es aber an der Zeit, einen dritten, sehr wichtigen Punkt zu erwähnen. Der Charakter eines Menschen erfährt eine Beurteilung, eben nach der allgemeinen Vorstellung. Und danach nimmt dieser Mensch eine bestimmte Position im Ansehen der Masse ein. Ist diese Position günstig, so wird das Denken des Menschen als beachtenswert aufgenommen, es wird verworfen, wenn dieser Mensch immer der Masse entgegen war und daher einen negativen Eindruck hinterließ. Hier bilden also Charakter (Eindruck) und neue Idee die Möglichkeiten für den Einzelnen. In Bezug auf die allgemeine Anschauung ist die Anschauung des Einzelnen in der Masse bedeutungslos. Das Massenmitglied hat eine bestimmte Vorstellung von der allgemeinen Anschauung. Kommt es in Konflikt mit ihr, so wird es nachgeben, allein schon, um weiterhin als gleichwertig bestehen zu können; tut es dieses nicht, so wird es ausgestoßen. Dieses Ausgestoßen-werden ist natürlich wieder vom Charakter und Grund des Betreffenden abhängig.
Das Ganze also führt dazu, dass man, um eine neue Idee oder Anschauung durchbringen zu

können, das Kleid der Masse anziehen und es mit allem möglichen Schmuck verzieren muss. Als Ideal der Masse wird es geachtet und so wie der Charakter respektiert wird, so ist die Entwicklungsmöglichkeit einer neuen Idee beschaffen.
Um die Beute zu erhalten, wird der Wolf sich den Pelz des Schafes überwerfen und in die Herde einschleichen.

Es werden in den nächsten Tagen neue Meinungen von mir über das Verhältnis des Denkers zur Masse fixiert werden. Der Vergleich „Wolf und Schafherde" ist übertrieben und nur zur Verdeutlichung des Vorganges angeführt.

<u>Aufgliederung des Textes</u>

Ähnlich einer undurchdringlichen Mauer steht die Gewalt der Masse.

Sie verkörpert die allgemeine Anschauung und legt diese ihrem Rechtswesen zu Grunde! Prinzipien für die Erhaltung der Gemeinschaft!

Dem Allgemeinen aber steht das Einzelne entgegen insofern, dass das Allgemeine eben als gutes Wesen (Überlieferung, Glauben, Gefühlsleben) anerkannt und vertraut, dagegen das Einzelne

104

erst durch eine neue Kombination von Eindrücken und Erinnerungen entstanden ist. Diesem Einzelnen begegnet man naturgemäß misstrauisch, ja bis zum Hass neigend. Naturgemäß deshalb, weil es den erprobten und geprüften Zustand reformieren oder revolutionieren will. Es ist also eine Angst vor der Zukunft, um den Fortbestand des Lebens. Hass aber bringt man der Sache dann entgegen, wenn das persönliche „Ich" angegriffen wird, wenn dem „Ich" das Erkenntnisvermögen abgesprochen wird. Es sind also zwei Faktoren, die die Geburt einer neuen Erkenntnis maßgebend stören:

1.) Die Angst um den Fortbestand des alten Zustandes, des Lebens.

2.) Die Verteidigung des „Ich". Die mehr oder weniger deutliche Verurteilung der
    Anschauung, die jedes Glied der Masse besitzt (persönliche Verletzung).

Ist eine neue Idee entwickelt, so wird sie mit diesen Gegebenheiten ins Gedränge kommen.

Hier ist es aber an der Zeit, einen dritten, sehr wichtigen Punkt zu erwähnen. Der Charakter eines Menschen erfährt eine Beurteilung, eben nach der allgemeinen Vorstellung. Und entsprechend nimmt dieser Mensch eine bestimmte

Position im Ansehen der Masse ein. Ist diese Position günstig, so wird das Denken des Betreffenden als beachtenswert aufgenommen. Es wird verworfen, wenn er immer der Masse entgegenstand und daher einen negativen Eindruck hinterließ. Hier bilden also Charakter (Eindruck) und neue Idee die Möglichkeiten für den Einzelnen.

In Bezug auf die allgemeine Anschauung ist die Anschauung des Einzelnen in der Masse bedeutungslos. Das Massenmitglied hat eine bestimmte Vorstellung von der allgemeinen Anschauung. Kommt es in Konflikt mit ihr, so wird es nachgeben, allein schon, um weiterhin als gleichwertig bestehen zu können. Tut es dieses nicht, so wird es ausgestoßen. Dieses Ausgestoßenwerden ist natürlich wieder vom Charakter und vom Grund des Betreffenden abhängig.Das Ganze führt also dazu, dass man, um eine neue Idee oder Anschauung durchbringen zu können, das Kleid der Masse anziehen und es mit allem möglichen Schmuck verzieren muss. Als Ideal der Masse wird es geachtet, und so wie sein Charakter respektiert wird, so ist die Entwicklungsmöglichkeit einer neuen Idee beschaffen.

(Um die Beute zu erhalten, wird der Wolf sich den Pelz des Schafes überwerfen und in die Herde einschleichen.)

Es werden in den nächsten Tagen neue Meinungen von mir über das Verhältnis des Denkers zur Masse gebracht werden. Der Vergleich „Wolf und Schafherde" ist übertrieben und nur zur Verdeutlichung des Vorganges angeführt.

Erläuterung

> Das fett Geschriebene halte ich wieder für Kommentare von einer mir bei meinen Überlegungen helfenden höheren geistigen Ebene.

Ähnlich einer undurchdringlichen Mauer steht die Gewalt der Masse.

> Aus meiner damaligen negativen Sichtweise. — Im Wörterbuch der deutschen Sprache von Bertelsmann (Wö. d. dt. Spr. v. Be.) hat „Masse" an dritter Stelle die Bedeutung von (oft abwertend) „große Menschenmenge (in der das Individuum untergeht)" und an vierter Stelle (meist Plural; im Marxismus) von „Teil der Bevölkerung, der nicht die Herrschaft ausübt".

Sie verkörpert die allgemeine Anschauung und legt diese ihrem Rechtswesen zu Grunde! Prinzipien für die Erhaltung der Gemeinschaft!

Dem Allgemeinen aber steht das Einzelne entgegen insofern,

> Im Wö. d. dt. Spr. v. Be. hat „der, die, das Einzelne" die Bedeutung von „einer, eine, eins für sich allein".

dass das Allgemeine eben als gutes Wesen (Überlieferung, Glauben, Gefühlsleben) anerkannt und vertraut, dagegen das Einzelne erst durch eine neue Kombination von Eindrücken und Erinnerungen entstanden ist. Diesem Einzelnen begegnet man naturgemäß misstrauisch, ja bis zum Hass neigend. Naturgemäß deshalb, weil es den erprobten und geprüften Zustand reformieren oder revolutionieren will.

> Im Wö. d. dt. Spr. v. Be. wird „revolutionieren" definiert als „grundlegend umwandeln".

Es ist also eine Angst vor der Zukunft, um den Fortbestand des Lebens. Hass aber bringt man der Sache dann entgegen, wenn das persönliche „Ich" angegriffen wird, wenn dem „Ich" das Erkenntnisvermögen abgesprochen wird. Es sind also zwei Faktoren, die die Geburt einer neuen Erkenntnis maßgebend stören:

1.) Die Angst um den Fortbestand des alten Zustandes, des Lebens.

> *… des bisherigen Lebens*

2.) Die Verteidigung des „Ich". Die mehr oder
weniger deutliche Verurteilung der
Anschauung, die jedes Glied der Masse besitzt (Persönliche Verletzung).

> *Wohl zu verstehen im Sinne von: Die Verteidigung des „Ich", weil eine neue Erkenntnis mehr oder weniger die Anschauung, die jedes Glied der Masse besitzt, verurteilt, was als eine persönliche Verletzung empfunden werden kann.*

Ist eine neue Idee entwickelt, so wird sie mit diesen Gegebenheiten ins Gedränge kommen.

Hier ist es aber an der Zeit, einen dritten, sehr wichtigen Punkt zu erwähnen. Der Charakter eines Menschen erfährt eine Beurteilung, eben nach der allgemeinen Vorstellung. Und entsprechend nimmt dieser Mensch eine bestimmte Position im Ansehen der Masse ein. Ist diese Position günstig, so wird das Denken des Betreffenden als beachtenswert aufgenommen. Es wird verworfen, wenn er immer der Masse entgegenstand und daher einen negativen Eindruck

__hinterließ. Hier bilden also Charakter (Eindruck) und neue Idee die Möglichkeiten für den Einzelnen.__

In Bezug auf die allgemeine Anschauung ist die Anschauung des Einzelnen in der Masse bedeutungslos.

> *Kann man so nicht sagen.*

Das Massenmitglied hat eine bestimmte Vorstellung von der allgemeinen Anschauung. Kommt es in Konflikt mit ihr, so wird es nachgeben, allein schon, um weiterhin als gleichwertig bestehen zu können. Tut es dieses nicht, so wird es ausgestoßen. Dieses Ausgestoßenwerden ist natürlich wieder vom Charakter und vom Grund des Betreffenden abhängig.

> *Auch diese Aussagen sind zum Teil unrichtig.*

Das Ganze führt also dazu, dass man, um eine neue Idee oder Anschauung durchbringen zu können, das Kleid der Masse anziehen und es mit allem möglichen Schmuck verzieren muss.

> *Stimmt so nicht. – Ein Synonym für Kleidung ist nach dem Duden unter anderem „Outfit". – „Die Kleider im Traum beziehen sich auf die vom Unbewussten her beeinflusste Persönlichkeit,*

wie sie sich gegenüber der Umwelt darstellt ...'' (Günter Harnisch)
Als Ideal der Masse wird es geachtet,

> Stimmt so nicht. – Im Wö. d. dt. Spr. v.
> Be. hat „Ideal" an erster Stelle die Be-
> deutung von „Vorbild" und an zweiter
> Stelle von „Richtschnur, Leitgedanke,
> Zielpunkt".

und so wie sein Charakter respektiert wird, so ist
die Entwicklungsmöglichkeit einer neuen Idee
beschaffen.

> Abgesehen von der schwer verständli-
> chen Darstellungsweise stimmt das, was
> ich damit sagen will, nicht immer. Es
> gibt auch neue Ideen und neue An-
> schauungen, die aus sich heraus über-
> zeugen und sich durchsetzen können.

(Um die Beute zu erhalten, wird der Wolf sich
den Pelz des Schafes überwerfen und in die Herde einschleichen.)

> Eine sehr negative und auch dumme
> Sichtweise.

Es werden in den nächsten Tagen neue Meinungen von mir über das Verhältnis des Denkers zur
Masse gebracht werden. Der Vergleich „Wolf

und Schafherde" ist übertrieben und nur zur Verdeutlichung des Vorganges angeführt.

<u>18. April 1957, Mitternacht</u>

21 Jahre zähle ich nun und bin volljährig.

—

Helmut war heute Abend bei mir – bis 1:00 Uhr. Ich hoffe, dass er mich mit der Befriedigung verließ, die ich fühle. Die Achtung, die er einem Gespräch entgegenbringt, erstaunt mich immer. Helmut ist der einzige, dem ich vorbehaltlos eingestehe, was mich drängt, und der meinem Wesen sehr ähnlich zu sein scheint.

In den letzten Tagen war ich sehr beschäftigt. Kurz vor der K. Komm. wurde die Wohnung renoviert. Außerdem werde ich in den nächsten Tagen mein M. Zimmer einrichten. Bel. wurde viel bewundert.

<u>Erläuterung</u>

21 Jahre zähle ich nun und bin volljährig.

—

H. war heute Abend bei mir – bis 1:00 Uhr (19. April). Ich hoffe, dass er mich mit der Befriedigung verließ, die ich fühle. Die Achtung, die er einem Gespräch entgegenbringt, erstaunt mich immer. H. ist der einzige, dem ich vorbehaltlos eingestehe, was mich drängt, und der meinem Wesen sehr ähnlich zu sein scheint.

> H. war mein Freund, ist aber zwischenzeitlich schon verstorben.

In den letzten Tagen war ich sehr beschäftigt. Kurz vor der K. Komm. wurde die Wohnung renoviert.

> Mit „K. Komm." ist Kinderkommunion gemeint. — Bei der Kinderkommunion handelte es sich um die Erstkommunion meines jüngsten Bruders.

Außerdem werde ich in den nächsten Tagen mein M. Zimmer einrichten.

> Gemeint ist mein Mansardenzimmer im Elternhaus.

Bel. wurde viel bewundert.

> Gemeint ist: Die Beleuchtung wurde viel bewundert. — In meinem Mansardenzimmer war, wenn man es betrat, linker Hand die Dachschräge mit Gaube und Fenster. Die Dachschräge endete oben an der Unterkante eines Balkens, der mit der höher gelegenen Zimmer-

decke eine Stufe bildete. Die Unterkante des Balkens verlängerte ich zur Decke hin zu einer Hohlkehle, in welche ich Leuchtstoffröhren installierte, wodurch das Zimmer indirekt beleuchtet wurde.

Ich wünschte, die Stunden eines solchen Nachmittages möchten nie verrinnen. Die Wohlform des Gesamteindrucks lässt die Erinnerung an Schönes wach werden, und eine leichte Müdigkeit, vermischt mit der Zufriedenheit des Körpers nach dem Essen, gebiert eine Gleichgültigkeit, die dem Selbstgefallen entstammt. Und ich glaube nun, mir selbst zu gefallen, weil ich die Menschen lieben werde, um sie zu bessern.

Ich weiß nun, dass Wald, Feld und Wiese am heutigen Mittag die Scharen der Menschen aufnehmen werden. Aber sind es denn Scharen. Ist es nicht in Wirklichkeit ein Wesen, das das Schöne sucht. Die Freiheit der Natur und das Sein in dieser Freiheit haben im Menschen den Eindruck des Angenehmen erweckt.
Die Blütenpracht im strahlenden Sonnenschein, erwachendes Grün, Vogelgezwitscher und das einschläfernde Summen der emsigen Bienen und besonders das Selbstgefallen machen den Menschen gütig und aufgeschlossen. Und die Güte ist Voraussetzung in der Gemeinschaft und für das Verstehen und Achten. Aber sie darf nicht die Farbe der Meinung tragen. Sie muss der allgemeinen Vorstellung ähnlich sein; denn das Persönliche führt zum Vergleich aus eigennützigen

Gründen, das Ideal steht als Gott in der Verehrung und als Mahnung zur Nacheiferung.

Aufgliederung des Textes

Ich wünschte, die Stunden eines solchen Nachmittages möchten nie verrinnen. Die Wohlform des Gesamteindrucks lässt die Erinnerung an Schönes wach werden, und eine leichte Müdigkeit, vermischt mit der Zufriedenheit des Körpers nach dem Essen, gebiert eine Gleichgültigkeit, die dem Selbstgefallen entstammt. Und ich glaube nun, mir selbst zu gefallen, weil ich die Menschen lieben werde, um sie zu bessern.

Ich weiß nun, dass Wald, Feld und Wiese am heutigen Mittag die Scharen der Menschen aufnehmen werden.

Aber sind es denn Scharen?! Ist es nicht in Wirklichkeit ein Wesen, das das Schöne sucht?!

Die Freiheit der Natur und das Sein in dieser Freiheit haben im Menschen den Eindruck des Angenehmen erweckt.

Die Blütenpracht im strahlenden Sonnenschein, erwachendes Grün, Vogelgezwitscher und das einschläfernde Summen der emsigen Bienen…

Und besonders das Selbstgefallen.

… machen den Menschen gütig und aufge-schlossen. Und die Güte ist Voraussetzung in der Gemeinschaft und für das Verstehen und Achten!

Aber sie darf nicht die Farbe der Meinung tragen. Sie muss der allgemeinen Vorstellung ähnlich sein; denn das Persönliche führt zum Vergleich aus eigennützigen Gründen. Das Ideal steht als Gott in der Verehrung.

Und als Mahnung zur Nacheiferung!

Erläuterung

> ➢ Die fett geschriebenen Textstellen sind sicherlich inspiriert.

Ich wünschte, die Stunden eines solchen Nach-mittages möchten nie verrinnen. Die Wohlform des Gesamteindrucks lässt die Erinnerung an Schönes wach werden, und eine leichte Müdig-keit, vermischt mit der Zufriedenheit des Körpers nach dem Essen, gebiert eine Gleichgültigkeit, die dem Selbstgefallen entstammt.

> *Mit den beiden letzten Satzteilen meinte ich sicherlich: ... gebiert eine Gleichgültigkeit, die einem an sich selbst gefällt.*

Und ich glaube nun, mir selbst zu gefallen, weil ich die Menschen lieben werde, um sie zu bessern.

> *Eine hehre Absicht von mir, denn eine uneigennützige Liebe wird von den Menschen gutgeheißen und regt zur Nachahmung an. – Ich hatte schon damals sehr viel am Erscheinungsbild des Menschen auszusetzen, was in meinen Tagebucheintragungen auch immer wieder zum Ausdruck kommt. Aufgrund dieser kritischen Einstellung meinen Mitmenschen gegenüber hielt ich mich irgendwie für einen besseren Menschen und glaubte, die Welt verbessern zu müssen. In diesen Bestrebungen gefiel ich mir. Im Übrigen empfinde ich heute meine damalige Ausdrucksweise als oftmals überzogen oder abgehoben.*

Ich weiß nun, dass Wald, Feld und Wiese am heutigen Mittag die Scharen der Menschen aufnehmen werden.

Aber sind es denn Scharen?! Ist es nicht in Wirklichkeit ein Wesen, das das Schöne sucht?!

> ➢ Im Wörterbuch der deutschen Sprache von Bertelsmann (Wö. d. dt. Spr. v. Be.) hat „Wesen" an zweiter Stelle die Bedeutung von „Sosein, Eigenart, Charakter".

Die Freiheit der Natur und das Sein in dieser Freiheit haben im Menschen den Eindruck des Angenehmen erweckt.

> ➢ Im Wö. d. dt. Spr. v. Be. hat „Eindruck" an zweiter Stelle die Bedeutung von „Einwirkung auf das Bewusstsein. Gefühl, Denken".

Die Blütenpracht im strahlenden Sonnenschein, erwachendes Grün, Vogelgezwitscher und das einschläfernde Summen der emsigen Bienen...

Und besonders das Selbstgefallen.

> ➢ So dachte ich.

... machen den Menschen gütig und aufge-schlossen. Und die Güte ist Voraussetzung in der Gemeinschaft und für das Verstehen und Achten!

Aber sie darf nicht die Farbe der Meinung tragen.

> Wohl zu verstehen im Sinne von: Aber sie darf nicht das sein, was man selbst für Güte hält.

Sie muss der allgemeinen Vorstellung ähnlich sein; denn das Persönliche führt zum Vergleich aus eigennützigen Gründen. Das Ideal steht als Gott in der Verehrung.

> Gemeint ist das Ideal der Güte. In meinem Tagebucheintrag vom 24. März heißt es in einem Kommentar seitens der Geistigen Welt unter anderem: „denn Gott ist die Güte, Gott ist das Leben ..."

Und als Mahnung zur Nacheiferung!

<u>23. April 1957</u>

<u>Utilitarismus als Ursache der Religion</u>

Es gibt Dinge, denen der Mensch mangels entsprechender Vorstellungen und Erkenntnisse keinen Wert oder keine Beziehung zuordnen kann. Unwissenheit zieht notwendigerweise das Gefühl der Hilflosigkeit nach sich, und Hilflosigkeit ist mit der Existenz des Menschen nicht zu vereinbaren. Das Gefühl ist aber da, und der Mensch versucht, einen Ausweg zu finden. Er macht sich bedingt hilflos, und zwar macht er eine mögliche Gefahr abhängig von seinem Leben. Es entsteht die Religion. Sie verkörpert das Unverständliche und somit die Gefahr, und als Gefahr wird sie begreiflich und in ein dem Menschen nützliches System eingebaut. Relativ bildet sie Gefahr oder Nutzen.

<u>Erläuterung</u>
> Im Wörterbuch der deutschen Sprache von Bertelsmann wird „Utilitarismus" definiert als „Lehre, dass der Nutzen Grundlage und Zweck des menschlichen Handelns und Maßstab der Sittlichkeit

sei". – Nach dem gleichen Wörterbuch hat „Ursache" die Bedeutung von „Ursprung, Grund (eines Vorgangs, Geschehens)".

Es gibt Dinge, denen der Mensch mangels entsprechender Vorstellungen und Erkenntnisse keinen Wert oder keine Beziehung zuordnen kann. Unwissenheit zieht notwendigerweise das Gefühl der Hilflosigkeit nach sich,

> *Stimmt nicht in jedem Fall von Unwissenheit*

und Hilflosigkeit ist mit der Existenz des Menschen nicht zu vereinbaren.

> *Stimmt nicht für jeden Fall von Hilflosigkeit.*

Das Gefühl ist aber da,

> *Nicht immer*

und der Mensch versucht, einen Ausweg zu finden. Er macht sich bedingt hilflos, und zwar macht er eine mögliche Gefahr abhängig von seinem Leben.

> *Gemeint ist wohl: … abhängig von der Art und Weise wie er lebt.*

Es entsteht die Religion. Sie verkörpert das Unverständliche und somit die Gefahr, und als Gefahr wird sie begreiflich und in ein dem Menschen nützliches System eingebaut. Relativ bildet sie Gefahr oder Nutzen.

> ➢ Abgesehen davon, dass dieser Gedankengang nicht folgerichtig ist und nicht nachvollziehbar, stimmt er auch nicht, denn seit Menschengedenken existiert eine Kommunikation zwischen einer geistigen Welt und unserer irdischen. Diese Kommunikation, wie sie zum Beispiel meine Tagebuchtexte unwiderlegbar demonstrieren, wird allerdings in der heutigen Zeit von den meisten Menschen nicht wahrgenommen bzw. negiert.

<u>24. April 1957</u>

Heute Nachmittag war ich abwechselnd erschreckt, beschämt und empört. Anlass war eine
Anzeige gegen mich. Eine unübersichtliche Blinklichtanlage an einer Werkseinfahrt wurde von
mir zu spät bemerkt, und ich brachte mein Motorrad erst hinter dem roten Licht zum Stehen.
Ein Schutzmann erkannte gleich die Situation
und fixierte seine Meinung in Form einer Anzeige.
Erschreckt war ich, weil in meiner Vorstellung
eine Anzeige mit einer Geldstrafe verbunden ist,
beschämt, weil ich frug, ob das Vergehen nicht
mit einer gebührenpflichtigen Ermahnung geahndet wäre, und schließlich war ich empört
über die Sturheit des Beamten. Doch es hat sich
wieder gelegt. Es sind auch nur Menschen, die,
gebunden an ihre Vergangenheit, nur aus der
eigenen Vorstellung urteilen können. Es stimmt
mich traurig, dass der Gedanke an eine mögliche
Erziehung und Beratung der Verkehrsteilnehmer
auf freundschaftlicher Basis in zuständigen Kreisen so wenig gepflegt wird. Kann denn wahres
Schuldgefühl gegen Trotz aufgewogen werden?

—

Schon primitivere Geschöpfe – am Menschen gemessen – haben den Nutzen und Vorteil des Zusammenlebens erkannt. In Herden, Rudeln oder Scharen finden sie die ideale Verkörperung einer vorteilhaften Existenz. Gefahren aller Art, denen das einzelne Tier bisher allein widerstehen musste, verteilen sich jetzt auf die Gemeinschaft. Ebenso übernimmt die Gemeinschaft den Schutz der Nachkommenschaft, das heißt, sie garantiert eher ein Weiterbestehen ihrer Rasse. Aber auch, dass es mit einer zufälligen Gemeinschaft nicht getan war, wurde von der Gruppe eingesehen. Sie ordnete sich.

Des Eindrucks wegen muss ich hier einen Vergleich anführen: Als niedrigstes Geschöpf, das nur aus einer einzigen Zelle besteht, ist uns die Amöbe bekannt. Diese wollen wir vergleichen mit einem höher entwickelten Tier, das jedoch wie die Amöbe in der Natur auf sich allein gestellt ist. Es besitzt sämtliche Fähigkeiten, die zum Fortbestand seiner Art notwendig sind. Wie die Amöbe organische Stoffreste mit ihrem Plasma umschließt, so sucht sich das einzelne Tier, mit den Erfahrungen seiner Art ausgerüstet, sein Futter. Und wie der Igel beim Anzug einer Gefahr seine verwundbaren Körperteile schützt, so verkleinert die Amöbe durch eine Kugelbildung ihrer Oberfläche die Angriffsfläche, und in besonderen Fällen scheidet sie sogar eine Zyste aus.

Sie vermehrt ihre Art, indem sie sich teilt. Und wie die neu entstandenen Amöben selbstständige Wesen sind, so finden wir auch bei den Nachkommen des höheren Geschöpfes die Eigenschaften der Eltern.

Diese Eigentümlichkeiten ändern sich im Zellstaat wie auch in der Gemeinschaft der Art. Hier wie dort macht sich eine gewisse Ordnung nützlich. Könnte sich in der Natur ein Geschöpf entwickeln, das ehemalige Fähigkeiten aufgibt, ohne dass diese überflüssig geworden, das heißt, ohne dass ihnen Vorteile von anderer Seite erwachsen wären? Nein! Das Leben ist der Zufall bestimmter Voraussetzungen, und solange diese vorhanden sind, solange ist eine Veränderung unnatürlich. Würde das Wasser jemals den Berg hochfließen?

Wir haben also festgestellt, dass die Geschöpfe sich in einer Gemeinschaft keinen schweren Lebensbedingungen unterwerfen. Warum gäben sie sonst kostbare Fähigkeiten des Existieren-Könnens auf? Es muss also untersucht werden, ob durch die Gemeinschaft Vorteile erwachsen und, wenn ja, welche Voraussetzungen dazu vorhanden sein müssen.

<u>Erläuterung</u>

Heute Nachmittag war ich abwechselnd erschreckt, beschämt und empört. Anlass war eine Anzeige gegen mich. Eine unübersichtliche Blinklichtanlage an einer Werkseinfahrt wurde von mir zu spät bemerkt, und ich brachte mein Motorrad erst hinter dem roten Licht zum Stehen. Ein Schutzmann erkannte gleich die Situation und fixierte seine Meinung in Form einer Anzeige.
Erschreckt war ich, weil in meiner Vorstellung eine Anzeige mit einer Geldstrafe verbunden ist, beschämt, weil ich frug, ob das Vergehen nicht mit einer gebührenpflichtigen Ermahnung geahndet wäre, und schließlich war ich empört über die Sturheit des Beamten.

> Was das Wort „empört" angeht, reagierte ich damals sehr heftig, wenn von der Polizei, aber auch von anderen Personen mein Verhalten kritisiert wurde. Später habe ich dies als eine negative Charaktereigenschaft erkannt, und ich

versuche seitdem, in entsprechenden Situationen sachlicher zu bleiben.
Doch es hat sich wieder gelegt. Es sind auch nur Menschen,

> „auch" ist eingefügt.

die, gebunden an ihre Vergangenheit, nur aus der eigenen Vorstellung urteilen können. Es stimmt mich traurig, dass der Gedanke an eine mögliche Erziehung und Beratung der Verkehrsteilnehmer auf freundschaftlicher Basis in zuständigen Kreisen so wenig gepflegt wird. Kann denn wahres Schuldgefühl gegen Trotz aufgewogen werden?

> Was genau ich mit letzterem meinte, weiß ich nicht mehr. Denn nach dem Wörterbuch der deutschen Sprache von Bertelsmann (Wö. d. dt. Spr. v. Be.) hat „etwas aufwiegen" die Bedeutung von „ausgleichen, einen Ausgleich für etwas bieten". Vielleicht wollte ich damit herausstellen, dass ein wahres Schuldeingeständnis wesentlich höher zu bewerten sei als eine trotzige Reaktion.

—

Die Menschenrechte

Schon primitivere Geschöpfe – am Menschen gemessen – haben den Nutzen und Vorteil des Zusammenlebens erkannt. In Herden, Rudeln oder Scharen finden sie die ideale Verkörperung einer vorteilhaften Existenz. Gefahren aller Art, denen das einzelne Tier bisher allein widerstehen musste, verteilen sich jetzt auf die Gemeinschaft. Ebenso übernimmt die Gemeinschaft den Schutz der Nachkommenschaft, das heißt, sie garantiert ein Weiterbestehen ihrer Rasse. Aber auch, dass es mit einer zufälligen Gemeinschaft nicht getan war, wurde von der Gruppe eingesehen. Sie ordnete sich.

Des Eindrucks wegen muss ich hier einen Vergleich anführen:

> ➢ Im Wö. d. dt. Spr. v. Be. hat „Eindruck" an zweiter Stelle die Bedeutung von „Einwirkung auf das Bewusstsein. Gefühl, Denken" und an dritter Stelle von „auf bestimmte Weise ausgeübte Wirkung".

Als niedrigstes Geschöpf, das nur aus einer einzigen Zelle besteht, ist uns die Amöbe bekannt.

> ➢ Korrektur: … ist uns unter anderem die Amöbe bekannt.

Diese wollen wir vergleichen mit einem höher entwickelten Tier, das jedoch wie die Amöbe in der Natur auf sich allein gestellt ist.

> ➤ *„allein" ist eingefügt.*

Es besitzt sämtliche Fähigkeiten, die zum Fortbestand seiner Art notwendig sind. Wie die Amöbe organische Stoffreste mit ihrem Plasma umschließt, so sucht sich das einzelne Tier, mit den Erfahrungen seiner Art ausgerüstet, sein Futter. Und wie der Igel beim Anzug einer Gefahr seine verwundbaren Körperteile schützt, so verkleinert die Amöbe durch eine Kugelbildung ihrer Oberfläche die Angriffsfläche, und in besonderen Fällen scheidet sie sogar eine Zyste aus.

Sie vermehrt ihre Art, indem sie sich teilt. Und wie die neu entstandenen Amöben selbstständige Wesen sind, so finden wir auch bei den Nachkommen des höheren Geschöpfes die Eigenschaften der Eltern.

Diese Eigentümlichkeiten ändern sich im Zellstaat wie auch in der Gemeinschaft der Art. Hier wie dort macht sich eine gewisse Ordnung nützlich. Könnte sich in der Natur ein Geschöpf entwickeln, das ehemalige Fähigkeiten aufgibt, ohne dass diese überflüssig geworden, das heißt, ohne dass ihm Vorteile von anderer Seite erwachsen wären? Nein! Das Leben ist der Zufall bestimmter Voraussetzungen, und solange diese vorhan-

den sind, solange ist eine Veränderung unnatürlich.

> *Mit letzterem meinte ich wohl: Bestimmte zufällige Voraussetzungen führen zum Leben. Und solange diese gegeben sind, ist eine Veränderung des Lebens unnatürlich. – 1957 glaubte ich noch, dass alles Geschehen zufälliger Natur sei. Heute bin ich davon überzeugt, dass unser gesamtes Dasein geistgesteuert ist, das heißt, dass alles, was sich uns in irgendeiner Form darstellt, Manifestation eines ihm zugrunde liegenden geistigen Zustandes ist.*

Würde das Wasser jemals den Berg hochfließen?

> *Ich erwartete wohl ein Nein, was aber nicht richtig wäre, denn bei der Flut tut es das.*

Wir haben also festgestellt, dass die Geschöpfe sich in einer Gemeinschaft keinen schweren Lebensbedingungen unterwerfen.

> *Gemeint ist wohl: … keinen schwereren Lebensbedingungen unterwerfen.*

Warum gäben sie sonst kostbare Fähigkeiten des Existieren-könnens auf? Es muss also untersucht

werden, ob durch die Gemeinschaft Vorteile erwachsen und, wenn ja, welche Voraussetzungen
dazu vorhanden sein müssen.
„dazu" ist eingefügt.

Ein Feiertag in der Welt der Arbeit. So sollte es sein. Ich las heute hierzu eine Betrachtung in der WZ. Und ich muss sagen und damit dem Autor beipflichten, dass in der Tat dieser Tag ein Feiertag des Arbeiters ist – und nicht, wie man glaubt, Anlass zu einer Demonstration bestimmter Ideologien. Ich verstehe nicht, was diese „Vertreter des Volkes" ermächtigt, über Dinge zu urteilen, die ihnen fremd sind. Diese Herren Gewerkschaftsführer sollten sich doch öfters zu der Partei stellen, der sie ihre Sympathie schenken. Jedoch wissen sie zu genau, dass sie in diesem Falle als parteiische „Überparteiische Organisation" nicht mehr mit dem Vertrauen des Arbeiters rechnen können. Eine Gewerkschaftsorganisation mit einem so zweideutigen Charakter kann zu einer großen Gefahr für das Bestehen eines Staates heranwachsen, zu einer tödlichen Gefahr, wenn sie es versteht, den Arbeiter zu betören.

Die Menschenrechte

Die Voraussetzungen für das Wesen der Gemeinschaft müssen von dieser geschaffen werden. Es sind die Prinzipien, die Vorteile gegenüber den Einzelleben garantieren.

Es ist bekannt, dass Fähigkeiten und Veranlagung sehr unterschiedlich bei den einzelnen Geschöpfen sind. Dies ist bedingt durch die Umweltbedingungen, die sie, getrennt lebend, erfahren haben. So werden Geschöpfe in der Gemeinschaft Opfer ihrer Veranlagung. Es werden solche mit der größten Erfahrung in der Futterbesorgung die Verpflegung der Gemeinschaft übernehmen, solche mit guten Erfahrungen in der Verteidigung werden speziell den Feind abwehren und schließlich werden solche auf die Dauer körperlich und geistig überlegene für die Fortpflanzung der Art sorgen. Wir finden hier also eine Gliederung, die Gemeinschaft ordnet sich zweckmäßig.

—

Es ist furchtbar, gegen die Natur zu kämpfen. Meine Gedanken suchen andauernd eine Vorstellung von dem Besitz eines Mädchens zu formen. Gewaltig oder besser überwältigend muss dieses Erlebnis sein. Darf ich hier der Natur entgegentreten? – ein Gesetz der Natur missachten. Ich weiß nicht. Jedenfalls ist das wahnsinnige Verlangen da wie nie zuvor. Ist es wahnsinnig oder macht es wahnsinnig? Wahnsinn ist es, wenn ich es dem „Menschen" zuordnen will – der Geisteswelt, der kühlen Vernunft und Anschauung. Wahnsinnig macht es den, der es unterdrücken will, um anderen Vorstellungen leben zu können, jedoch es auszuschalten in Hinblick auf spätere Erfüllung für unvernünftig hält. Es zeigt sich hier, wie fest uns die Natur noch hält und wie einflussreich sie in Bezug auf unser Sein ist. Wahnsinnig macht der Gedanke, dass die Erfüllung des Verlangens mit Zeit verbunden ist. Und was ist Zeit. Die Ewigkeit kennt keine Zeit. Zeit kennt nur die Bewegung, der Ablauf eines bestimmten Vorganges, unseres Lebens. Der Vorgang ist begrenzt, die Ewigkeit unbegrenzt. Wie muss man doch die Zeit nutzen, um der Ewigkeit, dem ewigen Vorgang der Vorgänge nahezukommen.

Das Verlangen ist nur für das Leben, für den Teil. Bleibt uns Zeit für das Verlangen? – Ja, der Voraussetzung, dem Vorgang, dem Leben im Allgemeinen, dem Denken aber die geringste. Subjektiv ist die Vorstellung und beeinflusst vom Körper ohne Erfüllung des Verlangens. Schwierig ist die Situation, weil ich die Zeit ausnützen muss, um Mensch zu werden und auch um nebenbei noch leben zu können. Es gibt nur eine Möglichkeit, mein Sehnen zu befriedigen, und zwar liegt sie in der Einschränkung meiner körperlichen Arbeit. Wie dies möglich sein wird, ist mir noch unklar.

Die Zweckmäßigkeit der Ordnung wird, weil sie vereinfacht und deswegen vernünftig ist, in sich erhalten bleiben. Sie ähnelt dem tiefsten Punkt einer Schale, in dem eine Kugel immer wieder zur Ruhe kommt, oder der Expansionskraft eines komprimierten Gases. Der Zustand der geringsten gegenseitigen Behinderung und der Zustand der Ausgeglichenheit sind vernünftig. Dies alles bezieht sich insbesondere auf den Zellstaat und dann auch im weit abgeschwächten Maße auf Gemeinschaften höherer Wesen als die Zellen. Das Wachstum der Individualität ist also entscheidend für die Bildung von Voraussetzungen zu einer Gemeinschaft. War im Zellstaat der vernünftige Ablauf vorherrschend, die Zweckmäßigkeit maßgebend, so bringen Individuen die Interessen ihrer Zellstaaten in die Gemeinschaft. Die Gemeinschaft dieser Wesen ist aber auch zweckmäßig, wenn sie vernünftig gegliedert ist. Dieser vernünftigen Gliederung aber wachsen, da das Wesen als Zellstaat ein Individuum ist, Gefahren. Diese finden ihre größte Konzeption beim Menschen. Hier macht sich im Gegensatz zu einer zweckmäßigen Lebensgemeinschaft eine vernünftige Gemeinschaft im Geistesleben notwendig. Um so mehr, als die Individualität wächst. Die geistige Gemeinschaft aber verliert den Charakter der Zweckmäßigkeit, sie ist in Bezug auf das körperliche Leben nicht notwendig und aus den besonderen Interessen der einzelnen Individuen entstanden.

Aufgliederung des Textes

Ein Feiertag in der Welt der Arbeit. So sollte es sein. Ich las heute hierzu eine Betrachtung in der WZ. Und ich muss sagen und damit dem Autor beipflichten, dass in der Tat dieser Tag ein Feiertag des Arbeiters ist – und nicht, wie man glaubt, Anlass zu einer Verkündung bestimmter Ideologien. Ich verstehe nicht, was diese „Vertreter des Volkes" ermächtigt, über Dinge zu urteilen, die ihnen fremd sind. Diese Herren Gewerkschaftsführer sollten sich doch öfters zu der Partei stellen, der sie ihre Sympathie schenken. Jedoch wissen sie zu genau, dass sie in diesem Falle als parteiische „Überparteiliche Organisation" nicht mehr mit dem Vertrauen des Arbeiters rechnen können. Eine Gewerkschaftsorganisation mit einem so zweideutigen Charakter kann zu einer großen Gefahr für das Bestehen eines Staates heranwachsen, zu einer tödlichen Gefahr, wenn sie es versteht, den Arbeiter zu betören.

–

Die Voraussetzungen für das Wesen der Gemeinschaft müssen von dieser geschaffen werden. Es sind die Prinzipien, die Vorteile gegenüber den Einzelleben garantieren.
Es ist bekannt, dass die Fähigkeiten und Veranlagungen sehr unterschiedlich bei den einzelnen Geschöpfen sind. Dies ist bedingt durch die Umweltbedingungen, die sie – getrennt lebend – erfahren haben. So werden Geschöpfe in der Gemeinschaft Opfer ihrer Veranlagung.

Es werden solche mit der größten Erfahrung in der Futterbesorgung die Verpflegung der Gemeinschaft übernehmen, solche mit guten Erfahrungen in der Verteidigung werden speziell den Feind abwehren, und schließlich werden solche, die auf Dauer körperlich und geistig überlegen sind, für die Fortpflanzung der Art sorgen. Wir finden hier also eine Gliederung, die Gemeinschaft ordnet sich zweckmäßig.

—

Es ist furchtbar, gegen die Natur zu kämpfen. Meine Gedanken suchen andauernd eine Vorstellung von dem Besitz eines Mädchens zu formen. Gewaltig, oder besser, überwältigend muss dieses Erlebnis sein. Darf ich hier der Natur entgegentreten – ein Gesetz der Natur missachten? Ich weiß nicht. Jedenfalls ist das wahnsinnige Verlangen da wie nie zuvor. Ist es wahnsinnig oder macht es wahnsinnig? Wahnsinn ist es, wenn ich es dem „Menschen" zuordnen will – der Geisteswelt, der kühlen Vernunft und Anschauung. Wahnsinnig macht es den, der es unterdrücken will, um anderen Vorstellungen leben zu können, jedoch es auszuschalten in Hinblick auf spätere Erfüllung für unvernünftig hält. Es zeigt sich hier, wie fest uns die Natur noch hält und wie einflussreich sie in Bezug auf unser Sein ist. Wahnsinnig macht der Gedanke, dass die Erfüllung des Verlangens mit Zeit verbunden ist. Und was ist Zeit?

Die Ewigkeit kennt keine Zeit! Zeit kennt nur die Bewegung, der Ablauf eines bestimmten Vorganges, unseres Lebens! Der Vorgang ist begrenzt, die Ewigkeit unbegrenzt!

Wie muss man doch die Zeit nutzen, um der Ewigkeit, dem ewigen Vorgang der Vorgänge nahezukommen!

Das Verlangen ist nur für das Leben, für den Teil!

Bleibt uns Zeit für das Verlangen?

Ja, der Voraussetzung, dem Vorgang, dem Leben im Allgemeinen!

Dem Denken aber die geringste.

Subjektiv ist diese Vorstellung und beeinflusst vom Körper ohne Erfüllung des Verlangens!

Schwierig ist die Situation, weil ich die Zeit ausnützen muss, um Mensch zu werden und auch um nebenbei noch leben zu können. Es gibt nur eine Möglichkeit, mein Sehnen zu befriedigen, und zwar liegt sie in der Einschränkung meiner körperlichen Arbeit. Wie dies möglich sein wird, ist mir noch unklar.

—

<u>Die Menschenrechte (Fortsetzung)</u>

Die Zweckmäßigkeit der Ordnung wird, weil sie vereinfacht und deswegen vernünftig ist, in sich erhalten bleiben. Sie ähnelt dem tiefsten Punkt einer Schale, in dem eine Kugel immer wieder zur Ruhe kommt, oder der Expansionskraft eines komprimierten Gases. Der Zustand der geringsten gegenseitigen Behinderung und der Zustand der Ausgeglichenheit sind vernünftig. Dies alles bezieht sich insbesondere auf den Zellstaat und dann auch in weit abgeschwächtem Maße auf

Gemeinschaften höherer Wesen als die Zellen. Das Wachstum der Individualität ist also entscheidend für die Bildung von Voraussetzungen zu einer Gemeinschaft.

War im Zellstaat der vernünftige Ablauf vorherrschend, die Zweckmäßigkeit maßgebend, so bringen Individuen die Interessen ihrer Zellstaaten in die Gemeinschaft. Die Gemeinschaft dieser Wesen ist aber auch zweckmäßig, wenn sie vernünftig gegliedert ist. Dieser vernünftigen Gliederung aber wachsen, da das Wesen als Zellstaat ein Individuum ist, Gefahren. Diese finden ihre größte Zugänglichkeit beim Menschen. Hier macht sich im Gegensatz zu einer zweckmäßigen Lebensgemeinschaft eine vernünftige Gemeinschaft im Geistesleben notwendig. Um so mehr, als die Individualität wächst. Die geistige Gemeinschaft aber verliert den Charakter der Zweckmäßigkeit. Sie ist in Bezug auf das körperliche Leben nicht notwendig und aus den besonderen Interessen der einzelnen Individuen entstanden.

<u>Erläuterung</u>

Ein Feiertag in der Welt der Arbeit. So sollte es sein. Ich las heute hierzu eine Betrachtung in der WZ.

> ➤ *WZ ist die Abkürzung für Westdeutsche Zeitung.*

Und ich muss sagen und damit dem Autor beipflichten, dass in der Tat dieser Tag ein Feiertag des Arbeiters ist – und nicht, wie man glaubt, Anlass zu einer Verkündung bestimmter Ideologien. Ich verstehe nicht, was diese „Vertreter des Volkes" ermächtigt, über Dinge zu urteilen, die ihnen fremd sind.

> ➤ *Mit „Vertreter des Volkes" meinte ich die Vertreter der Arbeitnehmer. Damals glaubte ich nicht daran, dass die Gewerkschaften imstande seien, die Interessen der Arbeitnehmerschaft richtig zu vertreten.*

Diese Herren Gewerkschaftsführer sollten sich doch öfters zu der Partei stellen, der sie ihre Sympathie schenken.

> ➤ *Ich hielt die Gewerkschaftsführer für parteipolitisch orientiert bzw. festgelegt.*

Jedoch wissen sie zu genau, dass sie in diesem Falle als parteiische „Überparteiliche Organisation" nicht mehr mit dem Vertrauen des Arbeiters rechnen können. Eine Gewerkschaftsorganisation mit einem so zweideutigen Charakter kann zu einer großen Gefahr für das Bestehen eines Staates heranwachsen, zu einer tödlichen Gefahr, wenn sie es versteht, den Arbeiter zu betören.

> Eine Organisation, die nicht alle ihre Verbindungen und Ziele offenlegt, kann einem Staat, wenn sie in ihm an Einfluss gewinnt, gefährlich werden.

—

Die Menschenrechte (Fortsetzung)

Die Voraussetzungen für das Wesen der Gemeinschaft

> Synonyme für Gemeinschaft sind nach dem Duden unter anderem „Freundeskreis, Gemeinde, Gesamtheit, Gesellschaft, Gruppe, Kollektiv".

müssen von dieser geschaffen werden. Es sind die Prinzipien, die Vorteile gegenüber den Einzelleben garantieren.

> Mit „Einzelleben" sind Einzelexistenzen gemeint, d.h. Leben außerhalb einer Gemeinschaft.

Es ist bekannt, dass die Fähigkeiten und Veranlagungen sehr unterschiedlich bei den einzelnen Geschöpfen sind. Dies ist bedingt durch die Umweltbedingungen, die sie – getrennt lebend – erfahren haben.

> ➤ *Das dachte ich damals.*

So werden Geschöpfe in der Gemeinschaft Opfer ihrer Veranlagung.

> ➤ *Mit „Opfer werden" meinte ich ihren Einsatz in der Gemeinschaft unter Berücksichtigung ihrer Veranlagung.*

Es werden solche mit der größten Erfahrung in der Futterbesorgung die Verpflegung der Gemeinschaft übernehmen, solche mit guten Erfahrungen in der Verteidigung werden speziell den Feind abwehren, und schließlich werden solche, die auf Dauer körperlich und geistig überlegen sind, für die Fortpflanzung der Art sorgen. Wir finden hier also eine Gliederung, die Gemeinschaft ordnet sich zweckmäßig.

> ➤ *Vom Inhalt und vom Sprachstil her ist anzunehmen, dass dieser Kommentar und auch die nachfolgenden fett gedruckten Textstellen von einer mir überlegenen geistigen Ebene inspiriert wurden.*

–

Es ist furchtbar, gegen die Natur zu kämpfen.

> ➢ Im Textzusammenhang ist mit „Natur"
> der Geschlechtstrieb gemeint. Wie wohl
> die meisten gleichaltrigen Geschlechts-
> genossen wurde auch ich damals heftig
> vom Sexualtrieb bedrängt, und zwar so
> stark, dass ich aus meiner heutigen
> Sicht sagen möchte, diesen in dieser
> Form nicht noch einmal erleben zu wol-
> len.

Meine Gedanken suchen andauernd eine Vorstellung von dem Besitz eines Mädchens zu formen. Gewaltig, oder besser, überwältigend muss
dieses Erlebnis sein. Darf ich hier der Natur entgegentreten – ein Gesetz der Natur missachten?

> ➢ Damals frug ich mich, inwieweit ich den
> Geschlechtstrieb zurückdrängen dürfte.

Ich weiß nicht. Jedenfalls ist das wahnsinnige
Verlangen da wie nie zuvor. Ist es wahnsinnig
oder macht es wahnsinnig? Wahnsinn ist es,
wenn ich es dem „Menschen" zuordnen will –
der Geisteswelt, der kühlen Vernunft und Anschauung. Wahnsinnig macht es den, der es unterdrücken will, um anderen Vorstellungen leben
zu können, jedoch es auszuschalten in Hinblick

146

auf spätere Erfüllung für unvernünftig hält. Es zeigt sich hier, wie fest uns die Natur noch hält und wie einflussreich sie in Bezug auf unser Sein ist. Wahnsinnig macht der Gedanke, dass die Erfüllung des Verlangens mit Zeit verbunden ist.

> Im Wörterbuch der deutschen Sprache von Bertelsmann (Wö. d. dt. Spr. v. Be.) Be. wird „Zeit" an erster Stelle definiert als eine „Aufeinanderfolge der Sekunden, Minuten, Stunden, Tage, Wochen, Monate, Jahre, Ablauf des Geschehens".

Und was ist Zeit?

Die Ewigkeit kennt keine Zeit! Zeit kennt nur die Bewegung, der Ablauf eines bestimmten Vorganges, unseres Lebens! Der Vorgang ist begrenzt, die Ewigkeit unbegrenzt!

> Ich kann mich nicht erinnern, dass ich damals schon solche Aussagen bewusst machen konnte. Heute gehe ich davon aus, dass das Jetzt und die Ewigkeit eins sind, dass wir also schon in der Ewigkeit leben. Die Zeit ist nämlich nur in der Gegenwart zu erfahren, nicht außerhalb dieser. Und dieses gegenwär-

tige Zeitempfinden manifestiert sich im Jetzt, das grenzenlos ist, das einfach nur „ist".

Wie muss man doch die Zeit nutzen, um der Ewigkeit, dem ewigen Vorgang der Vorgänge nahezukommen!

Das Verlangen ist nur für das Leben, für den Teil!
> Wohl bezugnehmend auf mein oben von mir angeführtes Verlangen.

Bleibt uns Zeit für das Verlangen?

Ja, der Voraussetzung, dem Vorgang, dem Leben im Allgemeinen!
> Im Wö. d. dt. Spr. v. Be. hat „im Allgemeinen" die Bedeutung von „im Großen und Ganzen gesehen, umfassend betrachtet".

Dem Denken aber die geringste.

Subjektiv ist diese Vorstellung und beeinflusst vom Körper ohne Erfüllung des Verlangens!

Schwierig ist die Situation, weil ich die Zeit ausnützen muss, um Mensch zu werden und auch
um nebenbei noch leben zu können. Es gibt nur
eine Möglichkeit, mein Sehnen zu befriedigen,
und zwar liegt sie in der Einschränkung meiner
körperlichen Arbeit.

> ➤ Damals besuchte ich neben meiner vol-
> len Berufstätigkeit als Elektriker ein
> Abendgymnasium.

Wie dies möglich sein wird, ist mir noch unklar.

—

Die Menschenrechte (Fortsetzung)

> ➤ Wieder inspiriert, und zwar in Fortset-
> zung des Kommentars am Ende des
> obigen Eintrags über die „Menschen-
> rechte". Auffallend sind wieder der
> deutlich andere Schreibstil, die versierte
> Gliederung des Textes und die Be-
> stimmtheit des vorgebrachten Gedan-
> kengutes.

**Die Zweckmäßigkeit der Ordnung wird, weil sie
vereinfacht und deswegen vernünftig ist, in sich
erhalten bleiben. Sie ähnelt dem tiefsten Punkt
einer Schale, in dem eine Kugel immer wieder**

zur Ruhe kommt, oder der Expansionskraft eines komprimierten Gases. Der Zustand der geringsten gegenseitigen Behinderung und der Zustand der Ausgeglichenheit sind vernünftig. Dies alles bezieht sich insbesondere auf den Zellstaat und dann auch in weit abgeschwächtem Maße auf Gemeinschaften höherer Wesen als die Zellen. Das Wachstum der Individualität ist also entscheidend für die Bildung von Voraussetzungen zu einer Gemeinschaft.

War im Zellstaat der vernünftige Ablauf vorherrschend, die Zweckmäßigkeit maßgebend, so bringen Individuen die Interessen ihrer Zellstaaten in die Gemeinschaft. Die Gemeinschaft dieser Wesen ist aber auch zweckmäßig, wenn sie vernünftig gegliedert ist. Dieser vernünftigen Gliederung aber wachsen, da das Wesen als Zellstaat ein Individuum ist, Gefahren. Diese finden ihre größte Zugänglichkeit beim Menschen. Hier macht sich im Gegensatz zu einer zweckmäßigen Lebensgemeinschaft eine vernünftige Gemeinschaft im Geistesleben notwendig. Um so mehr, als die Individualität wächst. Die geistige Gemeinschaft aber verliert den Charakter der Zweckmäßigkeit. Sie ist in Bezug auf das körperliche Leben nicht notwendig und aus den besonderen Interessen der einzelnen Individuen entstanden.

<u>4. Mai 1957</u>

Zerrissen, zerlumpt stolperte er über die Straße. Ein Opfer der Fantasie. Grauenvolles erlebte er in der letzten Zeit, und sein Ich hatte sich in eine öde Teilnahmslosigkeit aufgelöst. Das Individuum war tot, aus ihm sprach der Eindruck, die Vorstellung des Verhängnisvollen, der Nacht. Zerrissen und zerlumpt war er, seine Seele lag im Sterben – sie vermochte noch die Beine zu einem Stolpern zu verleiten. Aber das Stolpern zeugte von ihm. Es wunderte sich aber auch, denn es wurde müder, und war es eine Müdigkeit ohne Ende, ohne Höhepunkt, ohne Wissen um sich selbst – ein Perpetuum mobile. Der Dämon der Welt hatte ihn, trieb ihn und spielte mit ihm. Die Liebe zum Wesen erfuhr in ihm (Er) eine Umwandlung – sie wurde Angst, Staunen – Ehrfurcht und Hass als Leidenschaft. Er verliert den Menschen und wird Vorstellung und damit Unendlichkeit. Er glaubte es.

<u>Aufgliederung des Textes</u>

Zerrissen, zerlumpt stolperte er über die Straße.

Ein Opfer der Fantasie!

Grauenvolles erlebte er in der letzten Zeit, und sein Ich hatte sich in eine öde Teilnahmslosigkeit aufgelöst.

Das Individuum war tot! Aus ihm sprach der Eindruck die Vorstellung des Verhängnisvollen, der Nacht!

Zerrissen und zerlumpt war er, seine Seele lag im Sterben – sie vermochte noch die Beine zu einem Stolpern zu verleiten.

Aber das Stolpern zeugte von ihm!

Er wunderte sich aber auch, denn er wurde müder – und es war eine Müdigkeit ohne Ende, ohne Höhepunkt, ohne Wissen um sich selbst – ein Perpetuum mobile.

Der Dämon der Welt hatte ihn, trieb ihn und spielte mit ihm!

Die Liebe zum Wesen erfuhr in ihm eine Umwandlung, sie wurde Angst, Staunen – Ehrfurcht und Hass als Leidenschaft. Er verliert den Menschen und wird Vorstellung und damit Unendlichkeit.

Er glaubte es!

> ➤ Tagebucheintrag inspiriert. In Normal-schrift wird mein damaliges seelisch-geistiges Erscheinungsbild dargestellt, das von einer höheren geistigen Ebene kommentiert wird.

Zerrissen, zerlumpt stolperte er über die Straße.

> ➤ Damit bin ich gemeint. – Nach dem Wörterbuch der deutschen Sprache von Bertelsmann (Wö. d. dt. Spr. v. Be.) hat „zerrissen" im übertragenen Sinn die Bedeutung von „mit sich selbst nicht ei-nig, schwankend (zwischen unterschied-lichen Wünschen, Auffassungen, Antrie-ben)". – „Die Kleider im Traum bezie-hen sich auf die vom Unbewussten her beeinflusste Persönlichkeit, wie sie sich gegenüber der Umwelt darstellt. Die Art der Kleidung im Traum, ihr Zu-stand, ihre Farbe, ihre Zweckmäßigkeit für bestimmte im Traum vorkommende Handlungen ergeben eine Fülle mögli-cher Deutungen, die meist verhältnis-mäßig leicht verständlich sind, wenn

man sie mit entsprechenden realen Situationen vergleicht." (Günter Harnisch). – Zu „stolpern" bzw. „rutschen" heißt es beim gleichen Autor: „Wer rutscht, kann nicht mehr sicher gehen und sich im Leben vorwärts bewegen. Sein Standpunkt ist in Gefahr. Er kann den Halt verlieren. Oft warnt das Traumbild vor dem Fallen." – „Straßen oder Wege erscheinen im Traum als Symbole des Lebenswegs ..." (Günter Harnisch)

Ein Opfer der Fantasie!

> Im Wö. d. dt. Spr. v. Be. hat „Fantasie" an zweiter Stelle die Bedeutung von „Einbildungskraft, Erfindungsgabe, Einfallsreichtum".

Grauenvolles erlebte er in der letzten Zeit, und sein Ich hatte sich in eine öde Teilnahmslosigkeit aufgelöst.

> Im Textzusammenhang zu verstehen im Sinne von: Seine Annahme, dass der Mensch lediglich aus Materie bestehe

und seine Aktivität nur ein Reagieren sei, war für ihn grauenvoll und führte dazu, dass er keinen Sinn mehr im Leben sah.

Das Individuum war tot!

➢ Im Fremdwörterlexikon von Wahrig wird Individuum unter anderem definiert als „das Einzelwesen, der einzelne Mensch in seiner Besonderheit, im Verhältnis zur Gemeinschaft". – Im Wö. d. dt. Spr. v. Be. hat „tot" an fünfter Stelle die Bedeutung von „keine lebendige Entwicklung aufweisend". – Synonyme für „tot" sind nach dem Duden unter anderem „nicht mehr da, entseelt, ausdruckslos, leblos, stillgelegt, am Ende, erledigt, nicht mehr brauchbar".

Aus ihm sprach der Eindruck,

➢ Im Wö. d. dt. Spr. v. Be. hat „Eindruck" an zweiter Stelle die Bedeutung von „Einwirkung auf das Bewusstsein. Gefühl, Denken" und an dritter Stelle von „auf bestimmte Weise ausgeübte Wirkung".

die Vorstellung des Verhängnisvollen, der Nacht!

> ➢ „Die Nacht stellt im Traum den gesamten Bereich des Unbewussten dar, der im Dunkeln liegt." (Günter Harnisch)

Zerrissen und zerlumpt war er, seine Seele lag im Sterben – sie vermochte noch die Beine zu einem Stolpern zu verleiten.

Aber das Stolpern zeugte von ihm!

> ➢ „Von etwas zeugen" bedeutet nach dem Wö. d. dt. Spr. v. Be. „auf etwas schließen lassen".

Er wunderte sich aber auch, denn er wurde müder –

> ➢ „Sich wundern" bedeutet nach dem Wö. d. dt. Spr. v. Be. „in Erstaunen geraten, erstaunt sein, etwas merkwürdig, ungewöhnlich finden".

und es war eine Müdigkeit ohne Ende, ohne Höhepunkt, ohne Wissen um sich selbst – ein Perpetuum mobile.

> ➢ Im Wö. d. dt. Spr. v. Be. wird Perpetuum mobile an erster Stelle definiert als „etwas ständig Bewegliches".

Der Dämon der Welt hatte ihn, trieb ihn und spielte mit ihm!

> ➢ Im Wö. d. dt. Spr. v. Be. wird „Dämon" an erster Stelle definiert als „(meist böser) Geist".

Die Liebe zum Wesen erfuhr in ihm eine Umwandlung,

> ➢ Im Wö. d. dt. Spr. v. Be. hat „Wesen" an dritter Stelle (philosophisch) die Bedeutung von „das, was den Erscheinungen zugrunde liegt und sie bestimmt", zum Beispiel „das Wesen des Menschen; das Wesen der Kunst; das Wesen der Sache".

sie wurde Angst, Staunen – Ehrfurcht und Hass als Leidenschaft.

> ➢ Im Wö. d. dt. Spr. v. Be. hat „Leidenschaft" an erster Stelle die Bedeutung von „von der Vernunft nicht gezügelter Gefühlsdrang".

Er verliert den Menschen

> ➢ Synonyme für Mensch sind nach dem Duden unter anderem „Geschöpf, Krone

der Schöpfung, Ebenbild Gottes, Charakter, Persönlichkeit, Gemüt, Seele".

und wird Vorstellung

> Mit einem Bezug zur obigen Textstelle:
> „Aus ihm sprach der Eindruck, die Vor-
> stellung des Verhängnisvollen, der
> Nacht!"

und damit Unendlichkeit.

Er glaubte es!

In den letzten Tagen geht eine bedeutende Veränderung mit mir vor. Vor allem scheint sie aus
der Überzeugung, dass nur ein Mitleben zum
ersehnten Erfolg führt, zu wachsen. Daneben
und nicht zum Schluss steht aber auch ein Drängen des Körpers. Dieses ist aber erst durch die
genannte Überzeugung stärker geworden, und
ist jetzt als Faktor in der Annäherung zum Menschen von nicht geringer Bedeutung. Mein größtes Bestreben ist, diese Annäherung den Menschen, allen Menschen, als angenehm empfinden
zu lassen. Angenehm in Bezug auf die Vorstellung des Einzelnen. Es ist aber bekannt, dass Individuen sich unterscheiden in ihren speziellen
Eigenarten. Mit dem Erwerb gewisser Eigenarten
kann man nun größten Erfolg in einer diesen Eigenarten entsprechenden Gruppe haben, man
wird aber gleichzeitig aus einer anderen Gruppe
mehr oder weniger entschieden ausgeschlossen.
Die Aufgabe liegt nun in der Annahme allgemeiner Vorstellung, damit ist aber eine eigene (körperlich gebundene) Eigenart ausgeschlossen.
Betrachtet man nun den Verlauf der Geschichte,
so muss man feststellen, dass die Eigenart den
natürlichen Fortbestand der Gemeinschaft gefährdet. In Bezug auf eben die Gemeinschaft als
Vorhandenes und Vernünftiges ist es die dank-

barste Aufgabe, sein Leben für eine Annäherung
der Eigenarten und damit für ein allgemeines
Ideal, das Ideal der menschlichen Gemeinschaft,
einzusetzen. Meine größte Aufgabe in der nächsten Zeit ist eben, durch Beseitigung meiner speziellen Interessen die Achtung eines jeden Individuums zu erringen.

<u>Aufgliederung des Textes</u>

In den letzten Tagen geht eine bedeutende Veränderung mit mir vor. Vor allem scheint sie aus
der Überzeugung zu wachsen, dass nur ein Mitleben zum ersehnten Erfolg führt. Daneben —
und nicht zum Schluss — steht aber auch ein
Drängen des Körpers. Dieses ist aber erst durch
die genannte Überzeugung stärker geworden
und ist jetzt als Faktor in der Annäherung zum
Menschen von nicht geringer Bedeutung. Mein
größtes Bestreben ist, diese Annäherung den
Menschen, allen Menschen, als angenehm empfinden zu lassen, angenehm in Bezug auf die Vorstellung des Einzelnen. Es ist aber bekannt, dass
Individuen sich unterscheiden in ihren speziellen
Eigenarten. Mit dem Erwerb gewisser Eigenarten
kann man nun größten Erfolg in einer diesen Eigenarten entsprechenden Gruppe haben, man
wird aber gleichzeitig aus einer anderen Gruppe

mehr oder weniger entschieden ausgeschlossen. Die Aufgabe liegt nun in der Annahme allgemeiner Vorstellung. Damit ist aber eine eigene (körperlich gebundene) Eigenart ausgeschlossen.

Betrachtet man nun den Verlauf der Geschichte, so muss man feststellen, dass die Eigenart den natürlichen Fortbestand der Gemeinschaft gefährdet. In Bezug auf eben die Gemeinschaft als Vorhandenes und Vernünftiges ist es die dankbarste Aufgabe, sein Leben für eine Annäherung der Eigenarten und damit für ein allgemeines Ideal, das Ideal der menschlichen Gemeinschaft, einzusetzen.

Meine größte Aufgabe in der nächsten Zeit ist es eben, durch Beseitigung meiner speziellen Interessen die Achtung eines jeden Individuums zu erringen.

<u>Erläuterung</u>
> ➢ Das fett Geschriebene ist sicherlich inspiriert.

In den letzten Tagen geht eine bedeutende Veränderung mit mir vor. Vor allem scheint sie aus

der Überzeugung zu wachsen, dass nur ein Mitleben

> Damit meinte ich wohl eine Eingliede-
> rung in die Lebensgemeinschaft meiner
> Mitmenschen.

zum ersehnten Erfolg führt.

> Nämlich zu einem Erfolg im Leben.

Daneben – und nicht zum Schluss – steht aber
auch ein Drängen des Körpers.

> Gemeint ist der Sexualtrieb.

Dieses ist aber erst durch die genannte Überzeugung

> Nämlich durch die oben angeführte
> Überzeugung

stärker geworden und ist jetzt als Faktor in der
Annäherung zum Menschen von nicht geringer
Bedeutung. Mein größtes Bestreben ist, diese
Annäherung den Menschen, allen Menschen, als
angenehm empfinden zu lassen, angenehm in
Bezug auf die Vorstellung des Einzelnen.

> Mit dem letzten Satzteil meinte ich si-
> cherlich: angenehm in Bezug auf die
> Vorstellung, die der Einzelne davon hat.

Es ist aber bekannt, dass Individuen sich unterscheiden in ihren speziellen Eigenarten.

> Im Wörterbuch der deutschen Sprache
> von Bertelsmann hat „Eigenart" an

erster Stelle die Bedeutung von „Ge-
samtheit der Eigenschaften" und an
zweiter Stelle von „besondere Eigenschaft, besonderer Wesenszug, Wesens-
merkmal".

Mit dem Erwerb gewisser Eigenarten kann man
nun größten Erfolg in einer diesen Eigenarten
entsprechenden Gruppe haben, man wird aber
gleichzeitig aus einer anderen Gruppe mehr oder
weniger entschieden ausgeschlossen. Die Aufgabe liegt nun in der Annahme allgemeiner Vorstellung.

> Also dass man sich den Vorstellungen
> der Allgemeinheit anpassen müsse.

Damit ist aber eine eigene (körperlich gebundene) Eigenart ausgeschlossen.

**Betrachtet man nun den Verlauf der Geschichte,
so muss man feststellen, dass die Eigenart den
natürlichen Fortbestand der Gemeinschaft gefährdet. In Bezug auf eben die Gemeinschaft als
Vorhandenes und Vernünftiges ist es die dankbarste Aufgabe, sein Leben für eine Annäherung
der Eigenarten und damit für ein allgemeines
Ideal, das Ideal der menschlichen Gemeinschaft,
einzusetzen.**

Meine größte Aufgabe in der nächsten Zeit ist es eben, durch Beseitigung meiner speziellen Interessen die Achtung eines jeden Individuums zu erringen.

> ➤ Ich meinte, durch Hintanstellung meiner eigenen Interessen in der Achtung der Gemeinschaft steigen zu können. Heute halte ich es für sehr wichtig, dass man die verschiedenen Interessen der Mitglieder einer Gemeinschaft fördert, solange sie dem persönlichen Wohl und dem Wohl der Gemeinschaft dienlich sind.

Befinden im Allgemeinen unverändert. Nächstenliebe zu üben bedeutet vorerst eine gewaltige Selbstüberwindung, die insbesondere nötig ist für das Zurückdrängen der Eigenart und persönlicher Interessen.

Ich glaube, dass eine Ewigkeit vorhanden ist. Wir sind gewohnt und dazu verurteilt, alles relativ zu unserem Sein zu betrachten. So sagte schon Demokrit, dass jegliche Materie aus kleinsten, unteilbaren Teilchen (Atomen) bestünde. Es ist fürwahr eine gewaltige denkerische Leistung,, dieses zu erkennen. Jedoch ist mit der Zeit auch die Entwicklung fortgeschritten, und heute gehört es zum Allgemeinwissen, dass ein Atom sich aus kleinsten Energiequanten zusammensetzt. Wohlgemerkt aus „kleinsten". Auch Demokrit hat diese Eigenschaft für sein Atom beansprucht. Und ist jetzt nicht ein Zweifel berechtigt? Wir wissen, dass uns in der Erkenntnis und Definition unseres „kleinsten Teilchens" Grenzen liegen, die durch unzureichende Beobachtungsmöglichkeiten bedingt sind. Wir wissen auch, dass man sich, um eine Vorstellung atomarer Größenverhältnisse zu erlangen, Weltraumverhältnisse als Beispiel erwählen soll. Angenommen, die vielen Sonnen- und Sternensysteme des Raumes bilden „als

Atome" ein Wesen unserer Art. Es wäre doch kaum anzunehmen, dass dieses Wesen in seiner Erkenntnis der Materie über seinen „atomaren" Zustand hinauskommt. Es stellt sich doch jetzt die Frage, ob sich eine „atomare" Ordnung bis in die Ewigkeit fortpflanzt, in beide Richtungen wohlgemerkt.

<u>Aufgliederung des Textes</u>

Befinden im Allgemeinen unverändert.

–

Nächstenliebe zu üben bedeutet vorerst eine gewaltige Selbstüberwindung, die insbesondere nötig ist für das Zurückdrängen der Eigenart und persönlichen Interessen.

–

Ich glaube, dass eine Ewigkeit vorhanden ist. Wir sind gewohnt und dazu verurteilt, alles relativ zu unserem Sein zu betrachten. So sagte schon Demokrit, dass jegliche Materie aus kleinsten, unteilbaren Teilchen (Atomen) bestünde.

Es ist fürwahr eine gewaltige denkerische Leistung, dieses zu erkennen. Jedoch ist mit der Zeit auch die Entwicklung fortgeschritten, und heute gehört es zum Allgemeinwissen, dass ein Atom sich aus kleinsten Energiequanten zusammensetzt. Wohlgemerkt aus „kleinsten".
Auch Demokrit hat diese Eigenschaft für sein Atom beansprucht. Und ist jetzt nicht ein Zweifel berechtigt? Wir wissen, dass uns in der Erkenntnis und Definition unseres „kleinsten Teilchens" Grenzen gesetzt sind, die durch unzureichende Beobachtungsmöglichkeiten bedingt sind. Wir wissen auch, dass man sich, um eine Vorstellung atomarer Größenverhältnisse zu erlangen, Weltraumverhältnisse als Beispiel erwählen soll. Angenommen, die vielen Sonnen- und Sternensysteme des Raumes bilden „als Atome" ein Wesen unserer Art. Es wäre doch kaum anzunehmen, dass dieses Wesen in seiner Erkenntnis der Materie über seinen „atomaren" Zustand hinauskomme. Es erhebt sich doch jetzt die Frage, ob sich eine „atomare" Ordnung bis in die Ewigkeit fortpflanzt, nach beide Richtungen wohlgemerkt.

<u>Erläuterung</u>

> ➢ Von seinem Inhalt und Stil her wurde der fett geschriebene Abschnitt inspiriert.

Befinden im Allgemeinen unverändert.

—

Nächstenliebe zu üben bedeutet vorerst eine gewaltige Selbstüberwindung, die insbesondere nötig ist für das Zurückdrängen der Eigenart und persönlichen Interessen.

> ➢ Damit wollte ich wohl sagen: Wenn man sich in der Nächstenliebe üben will, muss man sich zunächst einmal selbst überwinden. Individuelle Eigenart und persönliche Interessen müssen zurückgestellt werden. Das hört sich nach Verlust an, nicht nur für den Einzelnen, sondern auch für die Gemeinschaft, denn letztere lebt bzw. profitiert ja von den Begabungen und Leistungen des Einzelnen. Heute würde ich sagen, dass man bei der Verfolgung von eigenen Interessen das Wohl und die Interessen

der Gemeinschaft nicht aus den Augen verlieren sollte. Bezüglich des Übens in der Nächstenliebe wird ein Weg eingeschlagen, auf dem man zunehmend für scheinbar Entgangenes belohnt wird. Die Erfahrung lehrt das.

—

Ich glaube, dass eine Ewigkeit vorhanden ist. Wir sind gewohnt und dazu verurteilt, alles relativ zu unserem Sein zu betrachten. So sagte schon Demokrit, dass jegliche Materie aus kleinsten, unteilbaren Teilchen (Atomen) bestünde.

Es ist fürwahr eine gewaltige denkerische Leistung, dieses zu erkennen. Jedoch ist mit der Zeit auch die Entwicklung fortgeschritten, und heute gehört es zum Allgemeinwissen, dass ein Atom sich aus kleinsten Energiequanten zusammensetzt. Wohlgemerkt aus „kleinsten".
Auch Demokrit hat diese Eigenschaft für sein Atom beansprucht. Und ist jetzt nicht ein Zweifel berechtigt? Wir wissen, dass uns in der Erkenntnis und Definition unseres „kleinsten Teilchens" Grenzen gesetzt sind, die durch unzureichende Beobachtungsmöglichkeiten bedingt sind. Wir wissen auch, dass man sich, um eine

Vorstellung atomarer Größenverhältnisse zu erlangen, Weltraumverhältnisse als Beispiel erwählen soll. Angenommen, die vielen Sonnen- und Sternensysteme des Raumes bilden „als Atome" ein Wesen unserer Art. Es wäre doch kaum anzunehmen, dass dieses Wesen in seiner Erkenntnis der Materie über seinen „atomaren" Zustand hinauskomme. Es erhebt sich doch jetzt die Frage, ob sich eine „atomare" Ordnung bis in die Ewigkeit fortpflanzt, nach beide Richtungen wohlgemerkt.

> ➢ Heute verbinde ich mit der Vorstellung von Ewigkeit ein anderes Bild als früher. Sie ist nach meinem Verständnis nicht an eine Größe oder Zeitenfolge gebunden, sondern nur erfahrbar im bewusst erlebten Jetzt, das heißt, das bewusst erlebte Jetzt, der bewusst erlebte jetzige Augenblick ist die Ewigkeit, sozusagen die Erfahrung des Seins bzw. subjektiv des „Ich bin".

<u>9. Mai 1957</u>

Ich befinde mich augenblicklich in einem eigenartigen Stadium. Es ist da einmal der enorme Drang nach Wissen (Voraussetzung zum Erreichen des Endzieles) und ein großes körperliches Verlangen. Das Eigenartige ist, dass ich beide so grundverschiedene Empfindungen miteinander in Eintracht zu bringen suche, das heißt, dass ich aus der Überlegung heraus das Körperliche...

<u>Erläuterung</u>

Ich befinde mich augenblicklich in einem eigenartigen Stadium. Es ist da einmal der enorme Drang nach Wissen (Voraussetzung zum Erreichen des Endzieles)

> *In Verbindung mit früheren Tagebucheintragungen (siehe Tagebucheintrag vom 26. Januar) verstand ich unter „Endziel" die Vernunft.*

und ein großes körperliches Verlangen.

> *Nämlich das sexuelle Verlangen, mein Verlangen nach einem Mädchen.*

Das Eigenartige ist, dass ich beide so grundverschiedenen Empfindungen miteinander in Ein-

tracht zu bringen suche, das heißt, dass ich aus
der Überlegung heraus das Körperliche ...

> *Gedanken nicht weitergeführt.*

<u>12. Mai 1957</u>

Die Moral ist für die Gemeinschaft lebensnotwendig. Es gibt jedoch Situationen, in denen sie –
angewandt – nichts gewinnt, dagegen die Betrof-
fenen in Missstimmung versetzt. In diesen Fällen
soll man aus der Unmoral eine Moral machen.
Voraussetzung ist aber, dass die echte Moral als
anerkannt fortbesteht und in der letzten Ent-
scheidung den Ausschlag gibt.
(Fernsehspiel von Marcel Pagnol: „Das große
ABC")

<u>Erläuterung</u>

Die Moral ist für die Gemeinschaft lebensnotwendig. Es gibt jedoch Situationen, in denen sie –
angewandt – nichts gewinnt, dagegen die Betrof-
fenen in Missstimmung versetzt. In diesen Fällen
soll man aus der Unmoral eine Moral machen.
Voraussetzung ist aber, dass die echte Moral als
anerkannt fortbesteht und in der letzten Ent-
scheidung den Ausschlag gibt.
(Fernsehspiel von Marcel Pagnol: „Das große
ABC")

> *Hier ist mit wenigen Sätzen ein großes*
> *Problem angesprochen, zu dem ich*

mich auch heute noch nicht abschließend äußern kann. Grundsätzlich meine ich aber, dass unsere Erfahrungswelt eine Manifestation unserer Seele ist und dass die Details dieser Erfahrungswelt Details unserer Seelenwelt sind und so mit uns selbst zu tun haben. Nach dieser Überlegung haben wir eine aktuelle Beziehung zu ihnen, beziehungsweise sie sind Teil unseres gegenwärtigen Lebens. Wenn es aber so ist, müssen wir uns fragen, was sie darstellen, was sie uns sagen wollen. Ein Beispiel mag das verdeutlichen. Nehmen wir an, es geschieht etwas, das wir für ungut halten, vielleicht ein Mord. In diesem Fall wäre zu hinterfragen, wie wir innerlich zu diesem Vorgang stehen. Haben wir am Morden jegliches Interesse verloren oder gehört es in irgendeiner Form noch zu unserem Leben, sei es im Rahmen der Lektüre eines spannenden Krimis oder einer sonstigen Aktivität von uns. Wenn wir etwas für ungut halten und es nicht mehr als erregendes Moment in unserer Erscheinungswelt haben möchten, müssen wir uns von ihm trennen, und zwar von innen her. Solange dies nicht geschehen ist, werden sich unsere seelischen Aktivitäten in irgendeiner symbolischen Form immer wieder in unserer Erfahrungswelt darstellen. Wenn also in unserer Welt schreckliche Dinge geschehen, haben sie auch mit uns zu tun. Wann und in welcher Form wir seelisch den Anlass dazu gaben oder geben, sei jetzt dahingestellt. Wir sind dazu aufgerufen, ständig nach bestem Wissen und Gewissen zu handeln. Dabei werden wir sicherlich Fehler machen, aber es kann nur das wachsen, was gesät wurde.

Mein augenblicklicher Zustand ist schwer darzustellen. Als Erstes wäre zu sagen, dass mein Willen in Bezug auf Erreichen meines Zieles (vorläufigen) langsam notwendiger Bestandteil meines Lebens wird. Zweitens wächst von Tag zu Tag das Verlangen nach einem Mädchen (ich kann dieses in <u>solcher Stärke</u> auftretende <u>Begehren</u> nur mit der Jahreszeit in Verbindung bringen). Im Übrigen habe ich die Absicht, bei der ersten günstigen Gelegenheit dem abzuhelfen (wie banal!). Zum Dritten wird es mir langsam bewusst, dass die Menschenkenntnis und -behandlung nicht leicht zu erlernen sind. Überdies sind sie mit ganz bestimmten Voraussetzungen aufs engste verknüpft. Doch das wird mich in den nächsten Tagen noch beschäftigen.

Nebenbei bemerkt las ich heute im „Nihilismus" von Thielicke folgendes: „Wer Gott nicht mehr fürchtet, fürchtet alles in der Welt". – Immerhin, eine massive Behauptung.
Es wäre meiner Ansicht nach sehr dankbar, Beziehungen zwischen Existenz und Lebensaufgabe zu suchen. Eine gewaltige Brücke über den Nihilismus wird zur Gemeinschaft führen.

<u>Aufgliederung des Textes</u>

Mein augenblicklicher Zustand ist schwer darzustellen. Als Erstes wäre zu sagen, dass mein Willen in Bezug auf Erreichen meines Zieles (vorläufigen) langsam notwendiger Bestandteil meines Lebens wird. Zweitens wächst von Tag zu Tag das Verlangen nach einem Mädchen (ich kann dieses in <u>solcher Stärke</u> auftretende <u>Begehren</u> nur mit der Jahreszeit in Verbindung bringen). Im Übrigen habe ich die Absicht, bei der ersten günstigen Gelegenheit dem abzuhelfen.

Wie banal!

Zum Dritten wird es mir langsam bewusst, dass die Menschenkenntnis und Menschenbehandlung nicht leicht zu erlernen sind.

Überdies sind sie mit ganz bestimmten Voraussetzungen aufs Engste verknüpft!

Doch das wird mich in den nächsten Tagen noch beschäftigen. Nebenbei bemerkt, ich las heute im „Nihilismus" von Thielicke Folgendes: „Wer Gott nicht mehr fürchtet, fürchtet alles in der Welt". – Immerhin, eine massive Behauptung.
Es wäre meiner Ansicht nach sehr dankbar, Beziehungen zwischen Existenz und Lebensaufgabe zu suchen.

Eine gewaltige Brücke über den Nihilismus wird zur Gemeinschaft führen!

<u>Erläuterung</u>

Mein augenblicklicher Zustand ist schwer darzustellen. Als Erstes wäre zu sagen, dass mein Willen in Bezug auf Erreichen meines Zieles (vorläufigen) langsam notwendiger Bestandteil meines Lebens wird.

> Umständlich formuliert. Was ich mit „vorläufigem Ziel" meinte, kann ich nicht mehr sicher sagen. Vielleicht dachte ich an das Abitur.

Zweitens wächst von Tag zu Tag das Verlangen nach einem Mädchen (ich kann dieses in <u>solcher Stärke</u> auftretende <u>Begehren</u> nur mit der Jahreszeit in Verbindung bringen). Im Übrigen habe ich die Absicht, bei der ersten günstigen Gelegenheit dem abzuhelfen.

Wie banal!

> Möglicherweise ein inspirierter Kommentar dazu, vielleicht aber auch nur eine eigene Überlegung. – Nach dem Wörterbuch der deutschen Sprache von

Bertelsmann (Wö. d. dt. Spr. v. Be.) hat „banal" die Bedeutung von „alltäglich, fad, geistlos, nichts sagend".

Zum Dritten wird es mir langsam bewusst, dass die Menschenkenntnis und Menschenbehandlung nicht leicht zu erlernen sind.

Überdies sind sie mit ganz bestimmten Voraussetzungen aufs Engste verknüpft!

> Nach der Wortwahl zu urteilen am ehesten inspiriert.

Doch das wird mich in den nächsten Tagen noch beschäftigen. Nebenbei bemerkt, ich las heute im „Nihilismus" von Thielicke Folgendes: „Wer Gott nicht mehr fürchtet, fürchtet alles in der Welt". –

> Im Wö. d. dt. Spr. v. Be. hat „fürchten" an erster Stelle die Bedeutung von „Furcht vor jemandem oder etwas haben" und an zweiter Stelle von „Ehrfurcht vor jemandem haben", zum Beispiel „Gott fürchten".

Immerhin, eine massive Behauptung.

> Eigentlich nicht, denn das Fürchten beginnt, wenn man sich geistig vom gött-

lichen Licht, vom „Licht der Welt" entfernt und sich damit geistig in lichtärmere Bereiche bis hin in die Finsternis begibt. Finsternis ist ein Lebensumstand, in welchem man nicht weiß oder sieht, was auf einen zukommt. Als Kind zum Beispiel hatte ich Angst, in den dunklen Keller zu gehen. Mit der Zunahme des Lichtes lässt die Angst nach, um schließlich in der Gottverbundenheit ganz aufzuhören.

Es wäre meiner Ansicht nach sehr dankbar, Beziehungen zwischen Existenz und Lebensaufgabe zu suchen.

> Ich vermutete wohl, dass zwischen unserer Existenz und unserer Aufgabe im Leben eine Beziehung bestehe. Heute habe ich diesbezüglich keine Zweifel mehr. Ich weiß, dass wir mit unserer körperlichen und seelisch-geistigen Struktur auf die Welt gekommen sind, um Erfahrungen zu machen und ganz bestimmte Aufgaben zu erfüllen, und

zwar mit dem Ziel eines weiteren seelisch-geistigen Wachstums.

Eine gewaltige Brücke über den Nihilismus wird zur Gemeinschaft führen!

> ➢ Meines Erachtens wieder inspiriert wegen der Bestimmtheit, mit welcher diese Aussage gemacht wurde. – Gemeint ist wohl, dass sich in der Zukunft Umstände ergeben werden, die den Menschen helfen, den Nihilismus zu überwinden und in die Gemeinschaft zurückzukehren. – Im Wö. d. dt. Spr. v. Be. wird „Nihilismus" definiert als „Verneinung aller Werte, Auffassung, dass alles Sein sinnlos und nichtig sei".

<u>26. Mai 1957</u>

Ich bekomme ein schlechtes Gewissen, wenn mir die Nachlässigkeit bewusst wird, die sich in letzter Zeit übel auf die Führung des Tagebuches auswirkt. Sie ist aber einerseits durch Zeitmangel, andererseits durch intensiveres Studium für die Schule bedingt. Letzteres ist, wie man sagt, lebensnotwendig geworden (nachdem sich in den Klassenarbeiten mancherlei Mängel zeigten).

Wir lesen im Lateinunterricht augenblicklich Augustus. Ich erwähne das, weil mich die Persönlichkeit des Augustus im höchsten Maße berührt. Ich möchte da ein Zitat aus meinem Geschichtsbuch bringen: „Es war das besondere Geschick Oktavians, durch seine Maßnahmen möglichst niemanden zu verletzen und sich keine Gegner zu schaffen. <u>Darum</u> verzichtete Octavian auf alle Titel, hielt aber trotzdem alle zivilen und militärischen Rechte in seiner Hand."
Ich glaube, Octavian war ein großer Menschenführer – vielleicht einer der größten. Ich werde sein Wesen noch sehr zu betrachten haben.

–

Die schlagende Verbindung

Gewiss, ein furchteinflößendes Wort, doch beachten wir, dass es unser Körper ist, dem das „Schlagen" nicht gerade sympathisch ist und dies natürlich in der Vorstellungswelt geltend macht. Ich glaube, die Schlagende Verbindung wird oft aus der falschen Perspektive beurteilt. Und zwar sehe ich da zwei durchaus mögliche Beweggründe, die zur Bildung einer Schlagenden Verbindung führen könnten. Zum ersten wäre da das sehr natürliche Streben nach Heraushebung seines „Ich", also ein Messen und Vergleichen der gegenseitigen Qualitäten (körperlichen wohlgemerkt). Aus dieser Perspektive möchte ich diese Verbindung ablehnen. Einerseits, weil sie zu viele für die Gemeinschaft gefährliche Naturtriebe hat, andererseits sie nichts mit dem Wesen des Homo sapiens gemein hat.
Die zweite Perspektive ist gänzlich anderer Art. Hier hat man die „Schlagende Verbindung" als Tradition anzusehen. Und zwar wird sie aus der Überlegenheit des Geistes gepflegt. Sie hat nichts gemein mit „schlagen". Im Gegenteil, sie hasst das Schlagen des Körpers aus egoistischen Zwecken, sie entkräftet es und nimmt ihm den Ernst, indem sie es zum Spiel macht. Man kann nun einwenden, es sei ein eigennütziges Spiel; denn als Mitglied einer Schlagenden Verbindung

beansprucht man die Anerkennung seiner speziellen Anschauung. Gewiss, aber nicht von den Mitgliedern, sondern von den Außenstehenden. Ich möchte sagen, der Eigennutz ist nicht auf ein „Mehrsein", nein, auf die Klarstellung seiner betreffenden Überzeugung gerichtet und damit gerechtfertigt.
Das „Schlagen" ist aus der geistigen Überlegenheit heraus harmlos, und doch vertritt es kraftvoll das Individuum.

<u>Erläuterung</u>

Ich bekomme ein schlechtes Gewissen, wenn mir die Nachlässigkeit bewusst wird, die sich in letzter Zeit übel auf die Führung des Tagebuches auswirkt. Sie ist aber einerseits durch Zeitmangel, andererseits durch intensiveres Studium für die Schule bedingt. Letzteres ist, wie man sagt, lebensnotwendig geworden (nachdem sich in den Klassenarbeiten mancherlei Mängel zeigten).

Wir lesen im Lateinunterricht augenblicklich Augustus. Ich erwähne das, weil mich die Persönlichkeit des Augustus im höchsten Maße berührt. Ich möchte da ein Zitat aus meinem Geschichtsbuch bringen: „Es war das besondere Geschick Oktavians, durch seine Maßnahmen möglichst

niemanden zu verletzen und sich keine Gegner zu schaffen. <u>Darum</u> verzichtete Octavian auf alle Titel, hielt aber trotzdem alle zivilen und militärischen Rechte in seiner Hand."
Ich glaube, Octavian war ein großer Menschenführer – vielleicht einer der größten. Ich werde sein Wesen noch sehr zu betrachten haben.

—

<u>Die schlagende Verbindung</u>

Gewiss, ein furchteinflößendes Wort, doch beachten wir, dass es unser Körper ist, dem das „Schlagen" nicht gerade sympathisch ist und dies natürlich in der Vorstellungswelt geltend macht. Ich glaube, die Schlagende Verbindung wird oft aus der falschen Perspektive beurteilt. Und zwar sehe ich da zwei durchaus mögliche Beweggründe, die zur Bildung einer Schlagenden Verbindung führen könnten. Zum ersten wäre da das sehr natürliche Streben nach Heraushebung seines „Ich", also ein Messen und Vergleichen der gegenseitigen Qualitäten (körperlichen wohlgemerkt). Aus dieser Perspektive möchte ich diese Verbindung ablehnen. Einerseits, weil sie zu viele für die Gemeinschaft gefährliche Naturtriebe hat, andererseits sie nichts mit dem Wesen des Homo sapiens gemein hat.

Die zweite Perspektive ist gänzlich anderer Art. Hier hat man die „Schlagende Verbindung" als Tradition anzusehen. Und zwar wird sie aus der Überlegenheit des Geistes gepflegt. Sie hat nichts gemein mit „schlagen". Im Gegenteil, sie hasst das Schlagen des Körpers aus egoistischen Zwecken, sie entkräftet es und nimmt ihm den Ernst, indem sie es zum Spiel macht. Man kann nun einwenden, es sei ein eigennütziges Spiel; denn als Mitglied einer Schlagenden Verbindung beansprucht man die Anerkennung seiner speziellen Anschauung. Gewiss, aber nicht von den Mitgliedern, sondern von den Außenstehenden. Ich möchte sagen, der Eigennutz ist nicht auf ein „Mehrsein", nein, auf die Klarstellung seiner betreffenden Überzeugung gerichtet und damit gerechtfertigt.

Das „Schlagen" ist aus der geistigen Überlegenheit heraus harmlos, und doch vertritt es kraftvoll das Individuum.

> *Das unter der zweiten Perspektive Angeführte ist aus meiner heutigen Sicht unreif. Man muss doch fragen: Aus der Überlegenheit eines welchen Geistes? – Schlagen bleibt Schlagen, auch wenn man es noch so schönredet. Die Folge des Schlagens ist eine Verletzung des*

Nächsten und damit eine Missachtung der Nächstenliebe. Nach dem Gesetz von Saat und Ernte wird der wieder geschlagen, der geschlagen hat: ein Circulus vitiosus, eine Form der Aggressivität, welche einer noch niederen Geisteshaltung zuzuordnen ist.

<u>2. Juni 1957</u>

Meine Lage in der Schule ist augenblicklich sehr bedenklich (wie man mir sagte). Ich bin jedoch der festen Überzeugung, dass dieses sich ändern wird. Trotzdem ist aber ein bedrückendes Gefühl vorhanden, das mehr und mehr in tiefen Ernst ausartet. So stimmt es mich traurig, dass sehr viele Menschen, auch manche meiner Schulkameraden, nur dem Wissen Achtung entgegenbringen können. Wie sehr ist das doch verfehlt, wenn wir betrachten, dass doch erst „Gemeinschaft" Wissen ermöglicht – und nicht umgekehrt.

–

Stärker denn je bedrängt mich die Frage nach dem vernünftigen Zustand. Allem folgt ein „Warum". Zunächst bin ich der Überzeugung, dass unser Weltsystem Glied innerhalb einer unendlichen Steigerung der Systeme ist, wir jedoch relativ zu unserem Sein nur die nächste Umgebung erfassen können. Es besteht aber die große Frage nach dem vernünftigen Zustand: Ist er Bewegung oder Ruhe, oder ist die vernünftige Bewegung Ruhe, der reibungslose Ablauf?

<u>Erläuterung</u>

Meine Lage in der Schule ist augenblicklich sehr bedenklich (wie man mir sagte). Ich bin jedoch der festen Überzeugung, dass dieses sich ändern wird.

> *In einigen Fächern, besonders in Englisch, hatte ich schlechte Noten.*

Trotzdem ist aber ein bedrückendes Gefühl vorhanden, das mehr und mehr in tiefen Ernst ausartet. So stimmt es mich traurig, dass sehr viele Menschen, auch manche meiner Schulkameraden, nur dem Wissen Achtung entgegenbringen können. Wie sehr ist das doch verfehlt, wenn wir betrachten, dass doch erst „Gemeinschaft" Wissen ermöglicht – und nicht umgekehrt.

> *Diese Aussage ist, vor allem was meine damaligen Schulkameraden angeht, sicher übertrieben. Vielleicht sah ich bei ihnen meine eigenen Mängel! Aber es störte mich, dass man einen Menschen überwiegend nach der Quantität seines Wissens beurteilte. Primär wichtig für das Zustandekommen und den Bestand einer Gemeinschaft sind doch die sozialen Charaktereigenschaften des Einzel-*

nen. Erst auf der Basis einer gut funkti-
onierenden Gemeinschaft entsteht Wissen in größerem Umfang, wobei letzteres aber, gemessen an dem uns noch
Unbekannten im Kosmos bzw. im Sein,
noch eher minimal ist.

–

Stärker denn je bedrängt mich die Frage nach
dem vernünftigen Zustand. Allem folgt ein „Warum".

> Ich hinterfrug damals sozusagen alles.
> Mir genügte nicht die Tatsache, dass
> etwas ist. Ich wollte wissen – und will
> es auch heute noch – was es von seinem
> Wesen her ist.

Zunächst bin ich der Überzeugung, dass unser
Weltsystem Glied innerhalb einer unendlichen
Steigerung der Systeme ist,

> Im Wörterbuch der deutschen Sprache
> von Bertelsmann wird „Steigerung" an
> erster Stelle definiert als „das Steigern,
> Erhöhen". – Was genau ich mit einer
> unendlichen Steigerung der Systeme
> meinte, weiß ich heute nicht mehr.

> Dachte ich an eine unendliche Steige-
> rung der Zahl der Weltsysteme oder an
> ihre qualitative Steigerung, ihre Ver-
> knüpfung, ihren Zusammenschluss zu
> etwas Größerem?

wir jedoch relativ zu unserem Sein nur die nächste Umgebung erfassen können. Es besteht aber
die große Frage nach dem vernünftigen Zustand:

> ➢ Das mir vom Elternhaus, von der Kir-
> che und der Schule vermittelte Gottes-
> bild war sehr ins Wanken geraten. Fra-
> gen, die ich diesbezüglich stellte, wur-
> den mir nicht zu meiner Zufriedenheit
> beantwortet. Es entstand eine Leere, in
> welche ich die Vernunft setzte. Diese
> war in unserer Erscheinungswelt zu er-
> kennen. Gott oder das Wirken Gottes,
> wie ich es heute sehe, erkannte ich da-
> mals nicht. Und so war ich darauf aus,
> den vernünftigen Zustand an sich zu
> finden.

Ist er Bewegung oder Ruhe, oder ist die vernünftige Bewegung Ruhe, der reibungslose Ablauf?

Zunächst einmal habe ich einen Deutschaufsatz „durchaus gut" geschrieben. Dies bedeutete für mich persönlich und in Bezug auf die Mitschüler ein Ausscheiden aus einer Eigenart, die sehr oft zu mangelhaften Prädikaten führte. Neben dem Erfolg steht jedoch eine Androhung von Konsequenzen, die schlechten Prädikaten gewöhnlich folgen sollen. Das führte bei mir bis zur Stunde zu einer krankhaften Nervosität, der abzuhelfen ich mich jedoch vor wenigen Minuten entschlossen habe. Ich glaube, dass ein regelmäßiges Pauken mehr Erfolg verspricht als ein dauerndes, das gestört ist eben durch Nervosität und Lustlosigkeit.

—

Mein „Ich" versucht, auf der Basis der „Menschenliebe" zu wirken. Und kleinste Erfolge vermögen mir eine nie geahnte Befriedigung zu vermitteln.

—

Der Zank in der Gemeinschaft

A) Das Wesen des Ideals

Fragen wir uns jetzt, was Gemeinschaft bedeutet. Liegt das Zustandekommen der Gemeinschaft nicht schließlich im unzweckmäßigen, riesigen Kräfteverbrauch der Selbstverteidigung, nicht im vernünftigen Vorgehen der Natur durch Verbindung vieler Körper zu einem und damit in der Reduzierung des Kräfteverschleißes?

B) Das Ideal

Und wir wissen, dass es vernünftige und unvernünftige Voraussetzungen gibt. Vernünftige nennen wir die, welche zweckmäßig für ein fruchtbares Bestehen der Gemeinschaft sind. Setzen wir also das fruchtbare Bestehen der Gemeinschaft, den zweckmäßigen Ablauf, als Ideal.

C) Zank

So wird es aber eine für dieses Ideal entscheidende Fragestellung geben: „Zank oder Liebe?" Wir wissen, dass Zank den Menschen isoliert, zurückwirft in das Lager seiner Selbstverteidigung und ihn misstrauisch dem anderen Wesen gegenüber macht. Es sind also Selbstverteidigung und der Wille zur Selbsterhaltung, die dem Kampf zugrunde liegen.

D) Was passiert, wenn die Glieder der Gemeinschaft sich isolieren?

Fragen wir uns weiter, wenn wir das zugeben, ob es für die Gemeinschaft zweckmäßig ist, dass ihre Glieder sich wieder isolieren und damit einen Zustand heraufbeschwören, der verhängnisvoll wird, verhängnisvoller als vor der Gemeinschaft, als die Einzelwesen sich nur im Falle einer Begegnung verteidigen mussten. Geben wir zu, dass bei vollkommener Isolierung des Einzelnen in der Gruppe nicht nur die Gruppe zerfällt, sondern auch der Einzelne im Kräfteverbrauch der Verteidigung körperlich-geistig zugrunde geht.

Die Möglichkeit liegt bei uns.
Bedenken wir doch, dass wir Menschen im System der Unendlichkeit nur ein Geringes, ein Unscheinbares sind. Bezogen auf unsere Anschauungen besitzen wir jedoch die Möglichkeit, im Rahmen unseres Seins unser Sein zu bestimmen, das heißt, dass wir Voraussetzungen, die unseren körperlich-geistigen Zustand beeinflussen, selbst gestalten können.

Erläuterung

Zunächst einmal habe ich einen Deutschaufsatz „durchaus gut" geschrieben. Dies bedeutete für mich persönlich und in Bezug auf die Mitschüler ein Ausscheiden aus einer Eigenart, die sehr oft zu mangelhaften Prädikaten führte.

> ➢ Im Wörterbuch der deutschen Sprache von Bertelsmann (Wö. d. dt. Spr. v. Be.) hat „Eigenart" an erster Stelle die Bedeutung von „Gesamtheit der Eigenschaften" und an zweiter Stelle von „besondere Eigenschaft, besonderer Wesenszug, Wesensmerkmal". – In Verbindung mit letzterem meinte ich mit dem „Ausscheiden aus einer Eigenart" sicherlich, dass sich an meiner inneren Einstellung etwas geändert hatte, nämlich an meiner Art, die Dinge zu sehen und sie im Aufsatz zu behandeln und darzustellen. Mein Blickwinkel vergrößerte sich etwas.

Neben dem Erfolg steht jedoch eine Androhung von Konsequenzen, die schlechten Prädikaten gewöhnlich folgen sollen. Das führte bei mir bis zur Stunde zu einer krankhaften Nervosität, der abzuhelfen ich mich jedoch vor wenigen Minuten entschlossen habe. Ich glaube, dass ein regelmäßiges Pauken mehr Erfolg verspricht als ein dauerndes, das gestört ist eben durch Nervosität und Lustlosigkeit.

➢ Im Wö. d. dt. Spr. v. Be. hat „regelmä-
ßig" an erster Stelle die Bedeutung von
„nach einer Regel, nach gewissen Regeln, einer Regel, den Regeln entsprechend" und an zweiter Stelle von „in
gleichen Abständen (sich wiederholen)".

–

Mein „Ich" versucht, auf der Basis der „Menschenliebe" zu wirken. Und kleinste Erfolge vermögen mir eine nie geahnte Befriedigung zu
vermitteln.

➢ Im Wö. d. dt. Spr. v. Be. wird Menschenliebe" definiert als „Liebe (des
Menschen) zu anderen Menschen".

–

<u>Der Zank in der Gemeinschaft</u>
➢ Im Tagebuch finden sich diese Überle-
gungen zur Gemeinschaft zusammen-
hängend in einem Text, der aber damals im Nachhinein von mir in die Abschnitte A bis D aufgegliedert wurde.
Diese einzelnen Abschnitte wurden

196

dann alphabetisch umgestellt bzw. geordnet.

A) Das Wesen des Ideals

> *Das Wesen des Ideals der Gemeinschaft*

Fragen wir uns jetzt, was Gemeinschaft bedeutet. Liegt das Zustandekommen der Gemeinschaft nicht schließlich im unzweckmäßigen, riesigen Kräfteverbrauch der Selbstverteidigung,

> *Gemeint ist der Kräfteverbrauch eines Einzelnen, der sich außerhalb einer Gemeinschaft selbst verteidigen muss.*

nicht im vernünftigen Vorgehen der Natur durch
Verbindung vieler Körper zu einem und damit in
der Reduzierung des Kräfteverschleißes?

> *Also zur Reduzierung des Kräfteverschleißes des Einzelnen*

B) Das Ideal

> *Das Ideal der Gemeinschaft*

Und wir wissen, dass es vernünftige und unvernünftige Voraussetzungen gibt.

> *Gemeint sind Voraussetzungen für das Bestehen einer Gemeinschaft. – Im Wö. d. dt. Spr. v. Be. hat „Voraussetzung" an zweiter Stelle die Bedeutung von*

„etwas, das vorhanden sein muss oder
als vorhanden angenommen wird, damit etwas geschieht".

Vernünftige nennen wir die, welche zweckmäßig für ein fruchtbares Bestehen der Gemeinschaft sind. Setzen wir also das fruchtbare Bestehen der Gemeinschaft, den zweckmäßigen Ablauf, als Ideal.

C) Zank

So wird es aber eine für dieses Ideal entscheidende Fragestellung geben: „Zank oder Liebe?"

> *Zank oder Liebe in der Gemeinschaft.*

Wir wissen, dass Zank den Menschen isoliert, zurückwirft in das Lager seiner Selbstverteidigung

> *Also in Richtung Existenzkampf des Einzelwesens*

und ihn misstrauisch dem anderen Wesen gegenüber macht. Es sind also Selbstverteidigung und der Wille zur Selbsterhaltung, die dem Kampf zugrunde liegen.

> *Mit „Kampf" meinte ich wohl die Auseinandersetzung im Rahmen eines Zankes.*

D) Was passiert, wenn die Glieder der Gemeinschaft sich isolieren?

Fragen wir uns weiter, wenn wir das zugeben, ob es für die Gemeinschaft zweckmäßig ist, dass ihre Glieder sich wieder isolieren und damit einen Zustand heraufbeschwören, der verhängnisvoll wird, verhängnisvoller als vor der Gemeinschaft, als die Einzelwesen sich nur im Falle einer Begegnung verteidigen mussten. Geben wir zu, dass bei vollkommener Isolierung des Einzelnen in der Gruppe nicht nur die Gruppe zerfällt, sondern auch der Einzelne im Kräfteverbrauch der Verteidigung körperlich-geistig zugrunde geht.

> *Nämlich infolge der daraus resultierenden ständigen Auseinandersetzung.*

Die Möglichkeit liegt bei uns.

Bedenken wir doch, dass wir Menschen im System der Unendlichkeit nur ein Geringes, ein Unscheinbares sind.

> *Das dachte ich damals.*

Bezogen auf unsere Anschauungen besitzen wir jedoch die Möglichkeit, im Rahmen unseres Seins unser Sein zu bestimmen, das heißt, dass wir Voraussetzungen, die unseren körperlich-geistigen Zustand beeinflussen, selbst gestalten können.

Seit meiner letzten Aufzeichnung ist alles im Rahmen meiner letzten Auffassung geblieben. Es wird weiterhin meine erste Pflicht sein, alles, das heißt meine ganzen Kräfte für die Gemeinschaft zu bemühen. Es stimmt manchmal traurig, wenn man Menschen sieht, welchen ein echtes Ziel fehlt. Vergleichen wir sie doch mit Lebewesen, die die Meeresoberfläche besiedeln. Sie entwickeln sich gemäß ihrer Art und den Umstände zu manchmal, und das muss man doch sagen, Kunstwerken der Natur. Kunstwerke – ja. Aber was bedeuten Kunstwerke denn, wenn ihnen jegliches Maß fehlt? Unter Maß verstehe ich ihr Verhältnis zum Wesen des Daseins überhaupt. Und so ist dieses Kunstwerk schließlich nur organische Materie im Gegensatz zur anorganischen. Wollen wir den Lebewesen im Meer menschliche Wesensart zuordnen und ihnen alles das geben, was dem Menschen eigen ist! Ein eigenartiges Bild rollt sich auf. Die Menge bevölkert die Oberfläche – und entwickelt sich eben zu Kunstwerken der Natur. Wenige Außenseiter durchstreifen weite Gebiete und treffen viele Kunstwerke anderer Art. Sie sehen vieles – bewundern – hassen und – ermüden. Es wird eine endgültige Müdigkeit, die oft mit dem Verschwinden des Außenseiters verbunden ist. Jedoch ist das Verschwinden nicht so einfach. Es gehört ein Willen dazu, der gegen die Vernunft und damit auch mit unnötigem Kraftaufwand verbunden ist. Also wird der Außenseiter in der Regel diesem Verschwinden ausweichen. Ausweichen muss er aber auch den Kunstwerken, die ihn müde machten. Und so steht immer ein Weg offen – die Tiefe (Frage) – das Unerforschte. Ruhe und Ohnmacht werden ihn umfangen! Ruhe, weil er die Kunstwerke hinter sich ließ und Korallen- oder Sandbänke erreicht, die nicht Kunstwerke, sondern Urwüchsiges sind (Korallen hier als leblose Materie) – Ohnmacht, weil er einsieht, dass er die tieferen Stellen nicht allein ergründen kann. Aber das Ziel ist da – der Grund. Er wird auftauchen, die Kunstwerke auffordern zu einer gemeinschaftlichen Suche nach dem Fundament, dem Maßstab. Dieses Auffordern wird seine Lebensaufgabe sein. – Er weiß um die Sinnlosigkeit von Kunstwerken ohne Maß. Der Sturm treibt und zerstört sie – es ist keine Wurzel vorhanden, die spontan neue Kunstwerke schafft.

Circa 30° C, 12:30 Uhr nachts.

Seit meiner letzten Aufzeichnung ist alles im Rahmen meiner letzten Auffassung geblieben. Es wird weiterhin meine erste Pflicht sein, alles, d. h. meine ganzen Kräfte, für die Gemeinschaft zu bemühen. Es stimmt manchmal traurig, wenn man Menschen sieht, welchen ein echtes Ziel fehlt.

Vergleichen wir sie doch mit Lebewesen, die die Meeresoberfläche besiedeln! Sie entwickeln sich gemäß ihrer Art und den Umstände manchmal zu – und das muss man doch sagen – Kunstwerken der Natur!

Kunstwerke – ja! Aber was bedeuten Kunstwerke denn, wenn ihnen jegliches Maß fehlt? Unter Maß verstehe ich ihr Verhältnis zum Wesen des Daseins überhaupt. Und so ist dieses Kunstwerk schließlich nur organische Materie im Gegensatz zur anorganischen!

Wollen wir den Lebewesen im Meer menschliche Wesensart zuordnen und ihnen alles das geben, was dem Menschen eigen ist!

Ein eigenartiges Bild rollt sich auf: Die Menge bevölkert die Oberfläche – und entwickelt sich eben zu Kunstwerken der Natur.

Wenige Außenseiter durchstreifen weite Gebiete und treffen auf viele Kunstwerke anderer Art. Sie sehen vieles – bewundern …

… hassen – und ermüden! Es wird eine endgültige Müdigkeit, die oft mit dem Verschwinden des Außenseiters verbunden ist!

Jedoch ist das Verschwinden nicht so einfach! Es gehört ein Willen dazu, der gegen die Vernunft und damit auch mit unnötigem Kraftaufwand verbunden ist! Also wird der Außenseiter in der Regel diesem Verschwinden ausweichen!

Ausweichen muss er aber auch den Kunstwerken, die ihn müde machten.

Und so steht immer ein Weg offen …

Die Tiefe?

Das Unerforschte!

Ruhe und Ohnmacht werden ihn umfangen! Ruhe, weil er die Kunstwerke hinter sich ließ und Korallen- oder Sandbänke erreicht, die nicht Kunstwerke, sondern Urwüchsiges sind (Korallen hier als leblose Materie). – Ohnmacht, weil er einsieht, dass er die tieferen Stellen nicht allein ergründen kann.

Aber das Ziel ist da: der Grund! Er wird auftauchen, die Kunstwerke auffordern zu einer gemeinschaftlichen Suche nach dem Fundament, dem Maßstab! Dieses Auffordern wird seine Lebensaufgabe sein! Er weiß um die Sinnlosigkeit von Kunstwerken ohne Maß: Der Sturm treibt und zerstört sie! Es ist keine Wurzel vorhanden, die spontan neue Kunstwerke schafft!

—

Circa 30° C, 0:30 Uhr.

<u>Erläuterung und Deutung</u>

Seit meiner letzten Aufzeichnung ist alles im Rahmen meiner letzten Auffassung geblieben. Es wird weiterhin meine erste Pflicht sein, alles, d. h. meine ganzen Kräfte, für die Gemeinschaft zu bemühen.

> *… für die Gemeinschaft einzusetzen.*

Es stimmt manchmal traurig, wenn man Menschen sieht, welchen ein echtes Ziel fehlt.

Vergleichen wir sie doch mit Lebewesen, die die Meeresoberfläche besiedeln!

> Eine Stimme von einer höheren geistigen Ebene. – „Das Meer ist ein archetypisches Symbol für den Ursprung des Lebendigen überhaupt, nicht des persönlichen Lebens eines Individuums. In seiner unabsehbaren Tiefe und Weite stellt es im Traum das Kollektive Unbewusste dar …" (Günter Harnisch)

Sie entwickeln sich gemäß ihrer Art und den Umstände manchmal zu – und das muss man doch sagen – Kunstwerken der Natur!

Kunstwerke – ja! Aber was bedeuten Kunstwerke denn, wenn ihnen jegliches Maß fehlt? Unter Maß verstehe ich ihr Verhältnis zum Wesen des Daseins überhaupt.

> Im Wörterbuch der deutschen Sprache von Bertelsmann hat „Verhältnis" an erster Stelle die Bedeutung von „Beziehung (in der sich zwei Dinge oder Personen vergleichen lassen)". – Im gleichen Wörterbuch hat „Wesen" an dritter Stelle (philosophisch) die Bedeutung von „das, was den Erscheinungen zugrunde liegt und sie bestimmt", zum

Beispiel „das Wesen des Menschen; das Wesen der Kunst; das Wesen der Sache".

Und so ist dieses Kunstwerk schließlich nur organische Materie im Gegensatz zur anorganischen!

Wollen wir den Lebewesen im Meer menschliche Wesensart zuordnen und ihnen alles das geben, was dem Menschen eigen ist!

Ein eigenartiges Bild rollt sich auf: Die Menge bevölkert die Oberfläche – und entwickelt sich eben zu Kunstwerken der Natur.

Wenige Außenseiter durchstreifen weite Gebiete und treffen auf viele Kunstwerke anderer Art. Sie sehen vieles – bewundern ...

Hassen – und ermüden! Es wird eine endgültige Müdigkeit, die oft mit dem Verschwinden des Außenseiters verbunden ist!

> ➤ Mit dem „Verschwinden" meinte ich im Textzusammenhang sicherlich einen Suizid.

Jedoch ist das Verschwinden nicht so einfach! Es gehört ein Willen dazu, der gegen die Vernunft

> Wenn man davon ausgeht, dass unser Leben vernünftig ist, so ist der Wille zum Suizid unvernünftig.

und damit auch mit unnötigem Kraftaufwand verbunden ist! Also wird der Außenseiter in der Regel diesem Verschwinden ausweichen!

Ausweichen muss er aber auch den Kunstwerken, die ihn müde machten.

Und so steht immer ein Weg offen …

Die Tiefe?

Das Unerforschte!

Ruhe und Ohnmacht werden ihn umfangen! Ruhe, weil er die Kunstwerke hinter sich ließ und Korallen- oder Sandbänke erreicht, die nicht Kunstwerke, sondern Urwüchsiges sind (Korallen hier als leblose Materie). – Ohnmacht, weil er einsieht, dass er die tieferen Stellen nicht allein ergründen kann.

Aber das Ziel ist da: der Grund! Er wird auftauchen, die Kunstwerke auffordern zu einer gemeinschaftlichen Suche nach dem Fundament, dem Maßstab! Dieses Auffordern wird seine Lebensaufgabe sein! Er weiß um die Sinnlosig-

keit von Kunstwerken ohne Maß: Der Sturm treibt und zerstört sie!

> ➤ Zu Sturm beziehungsweise Wind schreibt Günter Harnisch unter anderem: „,... Oft ist der Wind Hinweis auf starke geistige Energien. [...] Wo eine starke geistige Bewegtheit einsetzt, dort teilt sie sich oft im Traum als herannahender Sturm mit. [...] Als bedrohlicher Sturm gibt dieses Traumbild manchmal Hinweis auf Gewalt."

Es ist keine Wurzel vorhanden, die spontan neue Kunstwerke schafft!

–

Circa 30° C, 0:30 Uhr.

<u>4. Juli 1957</u>

Gewichtigen Schrittes verließ X die Dorfkirche. Befreit atmete er die kühle Luft, denn es war noch sehr früh am Tag. Es tat ihm gut. Eine durchzechte Nacht hatte ihn angegriffen. Als er endlich die Vorstellung vom Heimweg bekam, lag er am Boden inmitten einer Schar Genossen. Sein Blick streifte die Decke. Doch für ihn war die Decke nicht Decke. Er starrte unentwegt unregelmäßig begrenzte, verräucherte Kalkplättchen an. Sie bannten seinen Blick. Unruhig hingen sie noch einseitig, aber doch schienen sie auf eine Abwechslung zu warten. X malte sich aus, mit welchem Vergnügen er sie fallen sähe. Er würde versuchen, sie zu erreichen und zu betrachten, denn sie schienen ihm dessen wert.
Dann verwischte alles. Ein unruhiger Schlaf nahm ihn auf. Er lag plötzlich auf dem Boden eines Bootes. Ein wildes Meer wollte ihn und das Boot zerstoßen. Jagende Wolken über ihm drohten, ihn im Sturz zu erwürgen. Er schrie verzweifelt, suchte dem Boot zu entkommen, aber es schien unmöglich. Das Ergebnis seiner Bemühungen waren nur Schmerzempfindungen, die beim Zurückfallen die hölzernen Teile des Bootes verursachten.

<u>Erläuterung und Deutung</u>

> Der nachfolgende Text steht auf einem losen Blatt, ist kaum leserlich und stellenweise durchgestrichen. Von seinem Inhalt her dürfte er mithilfe der Inspiration zustande gekommen sein.

Gewichtigen Schrittes

> Im Wörterbuch der deutschen Sprache von Bertelsmann (Wö. d. dt. Spr. v. Be.) Be. hat „gewichtig" an zweiter Stelle die Bedeutung von „ins Gewicht fallend, wichtig, bedeutend". – „Die Art des Gehens gibt Hinweise auf den gegenwärtigen Zustand, in dem sich jemand befindet …" (Günter Harnisch)

verließ X die Dorfkirche.

> Nach dem Wö. d. dt. Spr. v. Be. steht „X" umgangssprachlich für „jemand, etwas Unbekanntes, Unbenanntes", zum Beispiel „Herr X". – „Etwas oder jemanden verlassen" bedeutet nach dem gleichen Wörterbuch „von etwas oder jemandem weggehen, sich entfernen". – „Wie Baum und Haus, so ist auch das

Dorf ein Symbol für die Persönlichkeit des Träumenden. Es verweist auf Natur und natürliche Lebensweise, auf ländliche Ruhe, auf den Wunsch nach Frieden und Ausgeglichenheit ..." (Günter Harnisch). – „Träume, in denen die Kirche eine Rolle spielt, sind Hinweise, sich mit dem Sinn des Lebens auseinanderzusetzen. Gerade bei Menschen, die keine religiöse Erziehung erfahren und auch sonst keine religiöse Bindung entwickelt haben, treten Kirchenträume auf. Die Psyche sucht auf diese Weise ein bestehendes Defizit auszugleichen. Mit dem Bild der Kirche können auch Kindheitserlebnisse verbunden sein, denen bei der Deutung nachgegangen werden sollte." (Günter Harnisch)

Befreit atmete er die kühle Luft,

> Zu Luft schreibt Günter Harnisch unter anderem: „Sie gilt als Symbol für schöpferisches Denken und die Kräfte der Fantasie. [...] Wichtig sind dabei die Empfindungen des Träumenden. Fühlt

er sich leicht und beschwingt in klarer, reiner Luft, so deutet das auf eine erfolgreiche Persönlichkeitsentfaltung hin ..." – „... Von jeher ist nun die **Luft** als das Medium des Geistes empfunden worden ..." (Ernst Aeppli). – Synonyme für „kühl" sind nach dem Duden unter anderem „emotionslos, leidenschaftslos, nüchtern, sachlich, vernunftbestimmt, rational".

denn es war noch sehr früh am Tag.

> ➤ „Früh am Tag" ist der Morgen, und zu Morgen heißt es bei Günter Harnisch: „Der Morgen, die Morgendämmerung, die Morgenröte, der Sonnenaufgang – diese Zeitangaben im Traum haben positive Bedeutung. Etwas Wesentliches rückt in das Bewusstsein des Träumenden."

Es tat ihm gut. Eine durchzechte Nacht hatte ihn angegriffen.

> ➤ „Die Nacht stellt im Traum den gesamten Bereich des Unbewussten dar, der im Dunkeln liegt." (Günter Harnisch)

Als er endlich die Vorstellung vom Heimweg bekam,

> Der Heimweg ist nach dem Wö. d. dt. Spr. v. Be. der „Weg nach Hause".

lag er am Boden

> „Am Boden liegen" bedeutet nach Open Thesaurus unter anderem „am Ende sein, ausgespielt haben, erledigt sein".

inmitten einer Schar Genossen.

> Im Wö. d. dt. Spr. v. Be. hat „Genosse" an dritter Stelle die Bedeutung von „jemand, der die gleiche innere Einstellung hat", zum Beispiel „Gesinnungsgenosse".

Sein Blick streifte die Decke.

> „Eine Decke bedeckt und schützt meist etwas, aber sie verhüllt, verbürgt und verheimlicht auch ..." (Günter Harnisch)

Doch für ihn war die Decke nicht Decke. Er starrte unentwegt unregelmäßig begrenzte, verräucherte Kalkplättchen an. Sie bannten seinen Blick.

> Im Wö. d. dt. Spr. v. Be. hat „jemanden bannen" unter anderem die Bedeutung

von „stark fesseln, zum Zuschauen, Zu-
hören zwingen".

Unruhig hingen sie noch einseitig, aber doch schienen sie auf eine Abwechslung zu warten. X malte sich aus, mit welchem Vergnügen er sie fallen sähe. Er würde versuchen, sie zu erreichen und zu betrachten, denn sie schienen ihm dessen wert. Dann verwischte alles. Ein unruhiger Schlaf nahm ihn auf. Er lag plötzlich auf dem Boden eines Bootes.

> *Zu Boot bzw. Schiff heißt es bei Günter Harnisch: „Ein Schiff im Traum symbolisiert das Lebensschiff. Die Fahrt mit dem Schiff über große Gewässer oder Flüsse deutet auf die Lebensreise hin."*

Ein wildes Meer wollte ihn und das Boot zerstoßen.

> *„Das Meer ist ein archetypisches Symbol für den Ursprung des Lebendigen überhaupt, nicht des persönlichen Lebens eines Individuums. In seiner unabsehbaren Tiefe und Weite stellt es im Traum das Kollektive Unbewusste dar ..." (Günter Harnisch)*

Jagende Wolken über ihm drohten, ihn im Sturz zu erwürgen.

> Zu Wolken schreibt Günter Harnisch: „Dieses Traumbild gibt Hinweis auf die gegenwärtige Stimmungslage des Träumenden. Weiße Wolken an einem blauen Himmel deuten auf Heiterkeit und Optimismus. Dunkle Regenwolken symbolisieren eine pessimistische oder depressive Stimmung. Brauen sich Gewitterwolken zusammen, so stehen heftige Gefühlsausbrüche bevor." (Günter Harnisch)

Er schrie verzweifelt,

> „Im Schreien drücken sich ursprüngliche Gefühle wie Freude, Lust, Aggressivität, Angst, Schmerz und Verzweiflung aus." (Günter Harnisch)

suchte dem Boot zu entkommen, aber es schien unmöglich. Das Ergebnis seiner Bemühungen waren nur Schmerzempfindungen, die beim Zurückfallen

> „In etwas zurückfallen" bedeutet nach dem Wö. d. dt. Spr. v. Be. „wieder in etwas verfallen, wieder etwas annehmen", zum Beispiel „in eine alte Ge-

wohnheit, in einen alten Fehler zurückfallen".
die hölzernen Teile des Bootes verursachten.

> „Weiches, biegsames Holz junger Bäume
> deutet auf die Anschauungen und Ver-
> haltensweisen, die sich im Laufe des Le-
> bens eines Menschen entwickeln. Ist das
> Holz alt, morsch, abgestorben, verwit-
> tert oder splitternd, so deutet das da-
> rauf hin, dass der Träumende starr ge-
> worden ist, sich kaum noch anpasst und
> sich nur widerwillig weiterentwickelt ..."
> (Günter Harnisch)

Die Stellung des Menschen und die Bedeutung der Gemeinschaft

A) Das Wesen „Mensch"

„Mensch" ist ein Sammelname für alle Wesen, die sich grundsätzlich auf zwei Beinen bewegen und Tätigkeiten ausüben, die, wie es scheint, unabhängig von körperlichen Bedürfnissen sind. Zweifelsohne hat sich vor Urzeiten (nur auf die Erde bezogen) die erste organische Zelle im Energieumwandlungsprozess der Ewigkeit entwickelt. Welchen Gesetzen diese Umwandlung unterlag, bleibt uns vorerst ein Rätsel. Es zu lösen, es genügt schon der Versuch dazu, muss die vornehmste Aufgabe des Geistes sein. Die Bedeutung dieser Anstrengung soll später expliziert werden.

Ich will zunächst den Werdegang von der Entwicklung der Urzelle bis zum Homo sapiens nachvollziehen. Aus der Physik ist uns das Gesetz der „Trägheit der Masse" bekannt und damit das Bestreben der Masse, den augenblicklichen Zustand zu erhalten. Darin ist auch der Zustand der Zelle eingeschlossen. Durch Energiezuführung seitens der Sonne wird das Zellsystem verändert und damit auch sein Verhältnis zur Umwelt. Die Zelle wird, um ihren alten Zustand wieder zu erlangen, Masseteilchen an sich reißen. Diese führen einen Ausgleich mit der Sonnenenergie herbei. Schließlich jedoch wurde diese in ihren alten Zustand zurückversetzte Masse erneut durch Sonneneinstrahlung erregt. In ihrer Trägheit spaltet sie sich. Dieser Vorgang wiederholt sich. Entscheidend nun ist für die Zelle die Beschaffenheit ihrer Umwelt, und zwar wird sie da die günstigste Existenz finden, wo die für ihre Energieumwandlungen nötigen Baustoffe vorhanden sind. Sie wird sich schließlich bewegen müssen (es mag im Anfang ein Richtungswachsen gewesen sein zum besseren „Futterplatz"). Es entstehen Zellgruppen. Die äußeren Zellen sind der Strahlung ausgesetzt und reißen infolgedessen Ausgleichsmasse an sich. Die inneren Zellen erleiden Energieverlust an die äußeren Zellen, die bei negativen Umwelttemperaturen Energie abgeben. Es besteht also ein Sog der Masseteilchen bis zu den innersten Zellen.

<u>Aufgliederung des Textes</u>

<u>Die Stellung des Menschen und die Bedeutung der Gemeinschaft</u>

A) Das Wesen „Mensch"
„Mensch" ist ein Sammelname für alle Wesen, die sich grundsätzlich auf zwei Beinen bewegen und Tätigkeiten ausüben, die, wie es scheint, unabhängig von körperlichen Bedürfnissen sind.

Zweifelsohne hat sich vor Urzeiten (nur auf die Erde bezogen) die erste organische Zelle im Energieumwandlungsprozess der Ewigkeit entwickelt. Welchen Gesetzen diese Umwandlung unterlag, bleibt uns vorerst ein Rätsel.

Es zu lösen – es genügt schon der Versuch dazu – muss die vornehmste Aufgabe des Geistes sein!

Die Bedeutung dieser Anstrengung soll später expliziert werden. Ich will zunächst den Werdegang von der Entwicklung der Urzelle bis zum Homo sapiens nachvollziehen.

Aus der Physik ist uns das Gesetz der „Trägheit der Masse" bekannt und damit das Bestreben der Masse, den augenblicklichen Zustand zu erhalten. Darin ist auch der Zustand der Zelle eingeschlossen. Durch Energiezuführung seitens der Sonne wird das Zellsystem verändert und damit auch sein Verhältnis zur Umwelt. Die Zelle wird, um ihren alten Zustand wieder zu erlangen, Masseteilchen an sich reißen. Diese führen einen Ausgleich mit der Sonnenenergie herbei. Schließlich jedoch wird die in ihren alten Zustand zurückversetzte Masse erneut durch Sonneneinstrahlung erregt. In ihrer Trägheit spaltet sie sich. Dieser Vorgang wiederholt sich.

Entscheidend ist nun für die Zelle die Beschaffenheit ihrer Umwelt, und zwar wird sie da die günstigste Existenz finden, wo die für ihre Energieumwandlungen nötigen Baustoffe vorhanden sind. Sie wird sich schließlich bewegen müssen (es mag im Anfang ein Richtungswachsen gewesen sein zum besseren „Futterplatz" hin).

Es entstehen Zellgruppen. Die äußeren Zellen sind der Strahlung ausgesetzt und reißen infolgedessen Ausgleichsmasse an sich. Die inneren Zellen erleiden Energieverlust an die äußeren Zellen, die bei negativen Umwelttemperaturen Energie abgeben. Es besteht also ein Sog der Masseteilchen bis zu den innersten Zellen.

Die Stellung des Menschen und die Bedeutung der Gemeinschaft

> ➢ Von meinen hier in Normalschrift vorgebrachten Überlegungen habe ich mich getrennt. Sie gehörten zu meinem Versuch, das Leben materialistisch zu erklären.

A) Das Wesen „Mensch"

„Mensch" ist ein Sammelname für alle Wesen, die sich grundsätzlich auf zwei Beinen bewegen und Tätigkeiten ausüben, die, wie es scheint, unabhängig von körperlichen Bedürfnissen sind.

> ➢ Eine nicht ernstzunehmende Definition. Im Wörterbuch der deutschen Sprache von Bertelsmann (Wö. d. dt. Spr. v. Be.) wird Mensch an erster Stelle definiert als ein „(innerhalb der Klasse der Säugetiere zur Ordnung der Primaten gehörendes) Lebewesen mit der höchsten Entwicklung des Gehirns, der Fähigkeit zur Sprache und zu logischem Denken".

Zweifelsohne hat sich vor Urzeiten (nur auf die Erde bezogen) die erste organische Zelle im

Energieumwandlungsprozess der Ewigkeit entwickelt.

> ➢ Aus meiner heutigen Sicht erscheint mir diese Hypothese als zu materialistisch.

Welchen Gesetzen diese Umwandlung unterlag,

> ➢ Gemeint ist: Welchen Gesetzen diese Umwandlung folgte bzw. welche Gesetze diese Umwandlung bewirkten

bleibt uns vorerst ein Rätsel.

Es zu lösen – es genügt schon der Versuch dazu – muss die vornehmste Aufgabe des Geistes sein!

> ➢ Inhaltlich und vom Sprachstil her wohl ein Kommentar von einer höheren geistigen Ebene.

Die Bedeutung dieser Anstrengung soll später expliziert werden.

> ➢ Nämlich die Bedeutung der im vorangegangenen Kommentar genannten Lösung des Rätsels bzw. der Versuch, es zu lösen. – Nach dem Wö. d. dt. Spr. v. Be. hat „explizieren" die Bedeutung von „erklären, erläutern, auseinander setzen".

Ich will zunächst den Werdegang von der Entwicklung der Urzelle bis zum Homo sapiens nachvollziehen.

> ➢ *Das ist leichter gesagt als getan, denn „etwas nachvollziehen" hat nach dem Wö. d. dt. Spr. v. Be. die Bedeutung von „etwas empfinden und verstehen, als ob man es selbst erlebt hätte". Und Synonyme für „nachvollziehen" sind nach dem Duden unter anderem „sich einfühlen, ermessen, sich hineindenken, sich hineinversetzen, verstehen, sich vorstellen können".*

Aus der Physik ist uns das Gesetz der „Trägheit der Masse" bekannt und damit das Bestreben der Masse, den augenblicklichen Zustand zu erhalten. Darin ist auch der Zustand der Zelle eingeschlossen.

> ➢ *Aus materialistischer Sicht*

Durch Energiezuführung seitens der Sonne wird das Zellsystem verändert und damit auch sein Verhältnis zur Umwelt. Die Zelle wird, um ihren alten Zustand wieder zu erlangen, Masseteilchen an sich reißen. Diese führen einen Ausgleich mit der Sonnenenergie herbei. Schließlich jedoch wird die in ihren alten Zustand zurückversetzte

Masse erneut durch Sonneneinstrahlung erregt. In ihrer Trägheit spaltet sie sich. Dieser Vorgang wiederholt sich.

> ➢ Eine fragwürdige Hypothese. Nach meinem heutigen Wissensstand ist Materie eine bestimmte Manifestationsform des Geistes. Um zu erfahren, wie Materie entsteht und was sie letztlich darstellt, muss man sich mit dem Wesen des Geistes beschäftigen.

Entscheidend ist nun für die Zelle die Beschaffenheit ihrer Umwelt, und zwar wird sie da die günstigste Existenz finden, wo die für ihre Energieumwandlungen nötigen Baustoffe vorhanden sind. Sie wird sich schließlich bewegen müssen (es mag im Anfang ein Richtungswachsen gewesen sein zum besseren „Futterplatz" hin).

> ➢ Eine Aussage dieser Art kann nur gemacht werden, wenn das tatsächliche Wesen der Zelle bekannt ist.

Es entstehen Zellgruppen. Die äußeren Zellen sind der Strahlung ausgesetzt und reißen infolgedessen Ausgleichsmasse an sich. Die inneren Zellen erleiden Energieverlust an die äußeren Zellen, die bei negativen Umwelttemperaturen

Energie abgeben. Es besteht also ein Sog der Masseteilchen bis zu den innersten Zellen.

> Hypothesen ohne Wissen um das tatsächliche Wesen der Zelle.

<u>8. Juli 1957</u>

Urzustand kleinste Energieeinheit relativ zur größeren = Atom – Sonnensystem. Unbeständig, da sie schon durch ihr Dasein und Eindruck Energie verliert. Erhaltung der Bewegung aber Naturgesetz. Vernünftig also, wenn kleinste Energieeinheit den Zustand erhalten will und damit sich um neue Energie bemüht. Energie erhält sie am einfachsten aus der größten Menge (auch schon 2 E. E. gegenüber 1 E. E. bedeutet größte Menge). Es besteht also in der Materie die Tendenz zur Kontraktion und damit zur Tragödie der Vernunft. Energieteilchen werden überladen und explodieren. Die zerrissenen E. E. haben das Bestreben zur Erneuerung ihres vernünftigen Zustandes, was jedoch nur in der erregten Materie möglich ist (Verbrennung →Leben).

<u>Erläuterung</u>
> *Bei diesem Tagebucheintrag handelt es sich wohl um eigene Überlegungen.*

Urzustand kleinste Energieeinheit relativ zur größeren = Atom – Sonnensystem.
> *Das heißt wohl, ich verglich die Struktur des Atoms mit der des Sonnensys-*

tems. Die Energieeinheit des Atoms hielt ich für die kleinste und die des Sonnensystems für die nächstgrößere. Die Energieeinheit des Atoms setzte ich gleich mit dem Urzustand. – Im Wörterbuch der deutschen Sprache von Bertelsmann (Wö. d. dt. Spr. v. Be.) hat „Einheit" an erster Stelle die Bedeutung von „Zusammengehörigkeit, Ganzheit, Geschlossenheit" und an zweiter Stelle von „ein geschlossenes Ganzes".

Unbeständig, da sie schon durch ihr Dasein und Eindruck Energie verliert.

> Im Wö. d. dt. Spr. v. Be. hat „Eindruck" an zweiter Stelle die Bedeutung von „Einwirkung auf das Bewusstsein. Gefühl, Denken".

Erhaltung der Bewegung aber Naturgesetz.

> Diese Aussage ist nur zulässig, wenn man weiß, was ein Naturgesetz ist und was ihm zu Grunde liegt. Letzteres aber ist der Naturwissenschaft noch verborgen.

Vernünftig also, wenn kleinste Energieeinheit den Zustand erhalten will und damit sich um neue Energie bemüht.

> ➢ Nach dem, was ich hier geschrieben habe, hat die oben angeführte „kleinste Energieeinheit", gemeint ist das Atom, einen Willen, der vernünftig ist. Im Wö. d. dt. Spr. v. Be. hat „vernünftig" an erster Stelle die Bedeutung von „einsichtig, besonnen, auf Vernunft beruhend". Im gleichen Wörterbuch wird „Vernunft" definiert als „Fähigkeit zur Erkenntnis und das Vermögen, sie anzuwenden". Danach wäre die „kleinste Energieeinheit", das Atom, ein Wesen mit der Fähigkeit zur Erkenntnis.

Energie erhält sie am einfachsten aus der größten Menge (auch schon 2 E. E.

> ➢ Gemeint sind mit letzteren zwei Energieeinheiten.

gegenüber 1 E. E. bedeutet größte Menge).

> ➢ Nämlich unter den beiden Mengenangaben

Es besteht also in der Materie die Tendenz zur Kontraktion

> Im Wö. d. dt. Spr. v. Be. hat „Materie"
an erster Stelle die Bedeutung von „Urstoff, Ungeformtes, Stoff" und an dritter Stelle (Philosophie) von „die außerhalb des Bewusstseins bestehende Wirklichkeit".

und damit zur Tragödie der Vernunft.

> Im Wö. d. dt. Spr. v. Be. hat „Tragödie"
an zweiter Stelle die Bedeutung von
„unabwendbar trauriges Geschehen, er-
schütterndes Unglück, leidvoller Vorgang".

Energieteilchen werden überladen und explodieren. Die zerrissenen E. E. haben das Bestreben
zur Erneuerung ihres vernünftigen Zustandes,
was jedoch nur in der erregten Materie möglich
ist (Verbrennung →Leben).

<u>13. Juli 1957</u>

Controversia est torta, non quod de facto non constet, sed quod id, quod factum est, aliud alii videtur esse.

Qui proficit in artibus et deficit in moribus, plus deficit quam proficit.

<u>Erläuterung</u>
> *Zitate aus meinem Lateinunterricht, von Jon übersetzt und kommentiert.*

Controversia est torta, non quod de facto non constet, sed quod id, quod factum est, aliud alii videtur esse.
> *Die Auseinandersetzung (der Prozess, der Streit) ist verdreht (verworren, unklar), nicht weil bezüglich des Geschehenen keine Übereinstimmung herrscht, sondern weil das, was geschehen ist, jedem etwas anderes zu sein scheint. – Das Originalzitat aus Cicero de Inventione I 11 ist merklich anders als der vorgelegte Text. (vergleiche:*

http://en.wikisource.org/wiki/On_invent
ion/Book_1?match=la). Cicero diskutiert hier verschiedene Arten der gerichtlichen Auseinandersetzung mit dem Ziel, eine Klassifikation zu schaffen, die einem Anwalt hilft, sich Klarheit über den Streitgegenstand zu verschaffen. Da durch die Veränderung der Kontext für mich nicht ersichtlich ist, ist die Übersetzung nur der Versuch einer Annäherung.

Qui proficit in artibus et deficit in moribus, plus deficit quam proficit.

> Wer in den Künsten voranschreitet und in seinem Charakter (in den Sitten) Rückschritte macht, macht mehr Rückschritte als Fortschritte. – Für dieses lateinische Sprichwort kenne ich keine gute Quellenangabe.

23. Juli 1957

Meine Lage in der Schule hat sich sehr zugespitzt. Im Englischen stehe ich schriftlich glatt mangelhaft. Die Zensuren in den anderen Fächern konnte ich nach dem Tiefstand Anfang des Semesters verbessern. Jedoch das Prädikat im Englischen wird ein entscheidender Faktor für den Aufstieg ins nächste Semesters sein. Die Zeugniskonferenz ist Samstag, den 27.7. Damit ist mein augenblicklicher Zustand wohl sehr anschaulich umrissen.

Ansonsten ist in meiner Einstellung zur Gemeinschaft alles beim Alten geblieben. Im Augenblick beschäftigt mich meine Theorie „Materie als Wesen", und zwar so, dass ich wohl in der allernächsten Zeit versuchen werde, sie in einer schriftlichen Fixierung auszuarbeiten.

Erläuterung

Meine Lage in der Schule hat sich sehr zugespitzt. Im Englischen stehe ich schriftlich glatt mangelhaft. Die Zensuren in den anderen Fächern konnte ich nach dem Tiefstand Anfang des Semesters verbessern. Jedoch das Prädikat im Englischen wird ein entscheidender Faktor für den Aufstieg ins nächste Semesters sein. Die Zeugniskonferenz ist Samstag, den 27. Juli. Damit ist mein augenblicklicher Zustand wohl sehr anschaulich umrissen.

> ➤ Aufgrund unserer guten Noten am Ende des ersten Semesters wurde einer Klassenkameradin und mir die Möglichkeit geboten, das zweite Semester zu überspringen. Das taten wir dann auch, allerdings entstand dadurch bei mir in einzelnen Fächern, vor allem im Englischen, ein Defizit. Dieses auszugleichen fiel mir bei meiner gleichzeitigen beruflichen Tätigkeit und auch dem zeitaufwändigen Schulweg (Krefeld – Düsseldorf) sehr schwer. Dazu habe ich nicht gerade das beste Gedächtnis, und auch mein Konzentrationsvermögen ließ und lässt sehr zu wünschen übrig.

Ansonsten ist in meiner Einstellung zur Gemeinschaft alles beim Alten geblieben. Im Augenblick beschäftigt mich meine Theorie „Materie als Wesen",

> ➤ Siehe dazu meinen Tagebucheintrag vom 8. Juli. Im Wörterbuch der deut-

schen Sprache von Bertelsmann hat
„Materie" an erster Stelle die Bedeutung von „Urstoff, Ungeformtes, Stoff".
Im gleichen Wörterbuch hat „Wesen" an
zweiter Stelle die Bedeutung von „So-
sein, Eigenart, Charakter" und an dritter Stelle (philosophisch) von „das, was
den Erscheinungen zugrunde liegt und
sie bestimmt", zum Beispiel „das Wesen
des Menschen; das Wesen der Kunst;
das Wesen der Sache".

und zwar so, dass ich wohl in der allernächsten
Zeit versuchen werde, sie in einer schriftlichen
Fixierung auszuarbeiten.

> ... sie schriftlich auszuarbeiten.

<u>9. August 1957</u>

Es ist nun schon sehr lange her, dass ich die letzte Eintragung machte. In dieser Zeit trug sich allerlei zu, was eigentlich eine schriftliche Bemerkung verdient gehabt hätte. Ich will versuchen, das Wichtigste zu erwähnen.

Zunächst, ich bin in das fünfte Semester versetzt worden. Allerdings steht auf dem Zeugnis für das Fach „Englisch" eine „5". Das, denke ich, wird sich in diesem Semester grundlegend ändern. Auch will ich versuchen, die Zensuren in den anderen Fächern zu verbessern.

Am vorletzten Schultag wurde der Schülerschaft und auch dem Lehrerkollegium der Film „Nacht und Nebel" auszugsweise vorgeführt – wie es hieß, zur Ermahnung. Dem zuzusehen, was da gezeigt wird, halte ich schon für menschenunwürdig. Ich werde mich ((weigern)), den ungekürzten Streifen, der uns für die ersten Tage nach den Ferien versprochen wurde, anzusehen. Was sind doch Menschen, die in ihrer Jugend oder in ihrem Alter nicht erkennen konnten, was Gemeinschaft ist, für bemitleidenswerte Geschöpfe. Gewiss, sie werden zu Tieren, nein, zu mordgierigen Bestien, aber ihnen bleibt der Frieden versagt, das Glück und die Zufriedenheit der Seele.

Und erst dieses doch macht das „Menschsein"
aus.

In der letzten Zeit drängten sich die Arbeiten für
die Schule und fürs Geschäft unverantwortlich.
Ich werde in den nächsten Tagen für drei Wochen zu einer Aufzugmontage nach Heidelberg
fahren. Ich glaube, es wird eine schöne Zeit, und
hoffe, dass mir die Luft- und Eindrucksveränderung neue Kräfte für die nächste Schulzeit bringen wird. Bei diesem Anlass werde ich Heidelberg zum dritten Mal erleben, und zwar diesmal
aus einer ganz neuen Perspektive.
In den Weihnachtsferien beabsichtige ich, nach
England zu fahren. Für die Pfingstferien im
nächsten Jahr hat unsere Klasse eine Frankreichfahrt ausgemacht.

—

Es scheint mir, dass das Einleben einer neuen
Lebensauffassung und die damit verbundenen
äußerlichen Veränderungen in der engsten Familie den größten Widerstand zu erwarten haben.
Vor allem dürften es die Eltern sein, die — mit
den Kindern durch Geburt und Erziehung aufs
engste verbunden — Beeinflussungsrecht verlangen. Es ist eine Art von Klassifizierung, die in der
Familie sehr häufig anzutreffen ist. Da steht die

von der Mutter gestärkte Autorität des Vaters, der mit all seinen „Lebenserfahrungen" für die „Ideale" seiner Kinder oft das Wort „Illusionen" gebraucht! Ob solche Väter über das Wort „Leben" und seinen Sinn und Zweck jemals ernsthaft nachgedacht haben, erscheint mir zweifelhaft. Wenn ja, so haben sie sich eine zweckmäßige Vorstellung zusammengebastelt.

<u>Aufgliederung des Textes</u>

Es ist nun schon sehr lange her, dass ich die letzte Eintragung machte. In dieser Zeit trug sich allerlei zu, was eigentlich eine schriftliche Bemerkung verdient gehabt hätte. Ich will versuchen, das Wichtigste zu erwähnen.

Zunächst, ich bin in das fünfte Semester versetzt worden. Allerdings steht auf dem Zeugnis für das Fach „Englisch" eine „5". Das, denke ich, wird sich in diesem Semester grundlegend ändern. Auch will ich versuchen, die Zensuren in den anderen Fächern zu verbessern.

Am vorletzten Schultag wurde der Schülerschaft und auch dem Lehrerkollegium der Film „Nacht und Nebel" auszugsweise vorgeführt – wie es hieß, zur Ermahnung. Dem zuzusehen, was da

gezeigt wird, halte ich schon für menschenunwürdig. Ich werde mich ((weigern)), den ungekürzten Streifen, der uns für die ersten Tage nach
den Ferien versprochen wurde, anzusehen. Was
sind doch Menschen, die in ihrer Jugend oder in
ihrem Alter nicht erkennen konnten, was Gemeinschaft ist, für bemitleidenswerte Geschöpfe.

*Gewiss, sie werden zu Tieren, nein, zu mordgie-
rigen Bestien, aber ihnen bleibt der Frieden versagt, das Glück und die Zufriedenheit der Seele!*

Und erst dieses doch macht das „Menschsein"
aus.

In der letzten Zeit drängten sich die Arbeiten für
die Schule und fürs Geschäft unverantwortlich.
Ich werde in den nächsten Tagen für drei Wochen zu einer Aufzugmontage nach Heidelberg
fahren. Ich glaube, es wird eine schöne Zeit, und
hoffe, dass mir die Luft- und Eindrucksveränderung neue Kräfte für die nächste Schulzeit bringen wird. Bei diesem Anlass werde ich Heidelberg zum dritten Mal erleben, und zwar diesmal
aus einer ganz neuen Perspektive.

In den Weihnachtsferien beabsichtige ich, nach
England zu fahren. Für die Pfingstferien im

nächsten Jahr hat unsere Klasse eine Frankreichfahrt ausgemacht.

—

Es scheint mir, dass das Einleben einer neuen
Lebensauffassung und die damit verbundenen
äußerlichen Veränderungen in der engsten Familie den größten Widerstand zu erwarten haben.
Vor allem dürften es die Eltern sein, die – mit
den Kindern durch Geburt und Erziehung aufs
engste verbunden – Beeinflussungsrecht verlangen. Es ist eine Art von Klassifizierung, die in der
Familie sehr häufig anzutreffen ist. Da steht die
von der Mutter gestärkte Autorität des Vaters,
der mit all seinen „Lebenserfahrungen" für die
„Ideale" seiner Kinder oft das Wort „Illusionen"
gebraucht! Ob solche Väter über das Wort „Leben" und seinen Sinn und Zweck jemals ernsthaft
nachgedacht haben, erscheint mir zweifelhaft.
Wenn ja, so haben sie sich eine zweckmäßige
Vorstellung zusammengebastelt.

Erläuterung

Es ist nun schon sehr lange her, dass ich die letzte Eintragung machte. In dieser Zeit trug sich
allerlei zu, was eigentlich eine schriftliche Be-

merkung verdient gehabt hätte. Ich will versuchen, das Wichtigste zu erwähnen.

Zunächst, ich bin in das fünfte Semester versetzt worden. Allerdings steht auf dem Zeugnis für das Fach „Englisch" eine „5". Das, denke ich, wird sich in diesem Semester grundlegend ändern. Auch will ich versuchen, die Zensuren in den anderen Fächern zu verbessern.

Am vorletzten Schultag wurde der Schülerschaft und auch dem Lehrerkollegium der Film „Nacht und Nebel" auszugsweise vorgeführt – wie es hieß, zur Ermahnung.

> Im Film „Nacht und Nebel" werden nach meiner Erinnerung Vorgänge aus den Konzentrationslagern gezeigt. Interessant dabei wäre nachzuforschen, warum der Film den Titel „Nacht und Nebel" bekam, was man damit ausdrücken wollte. Denn in der Traumsymbolsprache stehen Nacht und Nebel unter anderem für Unbewusstheit und Orientierungslosigkeit. Das könnte so gedeutet werden, dass die Akteure in den KZs beziehungsweise die Verantwortlichen für die KZs im Grunde nicht

wussten, was sie taten. ,,Bei Nacht und Nebel`` bedeutet nach dem Wö. d. dt. Spr. v. Be. ,,in aller Heimlichkeit``.

Dem zuzusehen, was da gezeigt wird, halte ich schon für menschenunwürdig. Ich werde mich ((weigern)),

> *Nicht mehr erinnerlich, warum ich ,,weigern`` doppelt einklammerte.*

den ungekürzten Streifen, der uns für die ersten Tage nach den Ferien versprochen wurde, anzusehen. Was sind doch Menschen, die in ihrer Jugend oder in ihrem Alter nicht erkennen konnten, was Gemeinschaft ist, für bemitleidenswerte Geschöpfe.

> *Unter Gemeinschaft verstand ich Menschen, die miteinander und füreinander leben.*

Gewiss, sie werden zu Tieren, nein, zu mordgierigen Bestien, aber ihnen bleibt der Frieden versagt, das Glück und die Zufriedenheit der Seele!

> *Inhaltlich und vom Sprachstil her wurde dieser Kommentar sicherlich inspiriert.*

Und erst dieses doch macht das „Menschsein" aus.

In der letzten Zeit drängten sich die Arbeiten für die Schule und fürs Geschäft unverantwortlich.

> *Mit „fürs Geschäft" meinte ich meine Arbeiten im Beruf.*

Ich werde in den nächsten Tagen für drei Wochen zu einer Aufzugmontage nach Heidelberg fahren.

> *Nämlich während der Schulferien.*

Ich glaube, es wird eine schöne Zeit, und hoffe, dass mir die Luft- und Eindrucksveränderung

> *Mit letzterer ist eine Veränderung meiner Eindrücke gemeint.*

neue Kräfte für die nächste Schulzeit bringen wird. Bei diesem Anlass

> *Besser: Bei dieser Gelegenheit*

werde ich Heidelberg zum dritten Mal erleben, und zwar diesmal aus einer ganz neuen Perspektive.

In den Weihnachtsferien beabsichtige ich, nach England zu fahren.

> *Daraus wurde nichts.*

Für die Pfingstferien im nächsten Jahr hat unsere Klasse eine Frankreichfahrt ausgemacht.

> *…eine Frankreichfahrt geplant.*

—

Es scheint mir, dass das Einleben einer neuen Lebensauffassung

> *… dass das Praktizieren einer neuen Lebensauffassung*

und die damit verbundenen äußerlichen Veränderungen in der engsten Familie den größten Widerstand zu erwarten haben. Vor allem dürften es die Eltern sein, die – mit den Kindern durch Geburt und Erziehung aufs engste verbunden – Beeinflussungsrecht verlangen. Es ist eine Art von Klassifizierung,

> *Synonyme für „Klassifizierung" sind nach Thesaurus unter anderem „Rangordnung, Rangfolge".*

die in der Familie sehr häufig anzutreffen ist. Da steht die von der Mutter gestärkte Autorität des Vaters, der mit all seinen „Lebenserfahrungen" für die „Ideale" seiner Kinder oft das Wort „Illusionen" gebraucht! Ob solche Väter über das Wort „Leben" und seinen Sinn und Zweck jemals ernsthaft nachgedacht haben, erscheint mir zweifelhaft. Wenn ja, so haben sie sich eine zweckmäßige Vorstellung zusammengebastelt.

<u>19. August 1957</u>

Heute begann meine dreiwöchige Arbeitszeit in Wiesloch, das heißt, dass wir, der Schlossermeister von H., Herr K., und ich, nach einer vielstündigen Fahrzeit um 15:00 Uhr in Wiesloch ankamen. Wir besuchten unseren Arbeitsplatz und aßen anschließend im „Adler". Am Abend gingen wir in eines der beiden Lichtspieltheater von Wiesloch. There was on: „Liane, das Urwaldmädchen". Im Ganzen gesehen war der Tag ereignislos. Das Städtchen machte einen guten Eindruck und desgleichen die Leute, die mir das Zimmer zur Verfügung stellten. That's all.

<u>1. September 1957, Sonntagabend</u>

Heute hat mir Heidelberg wieder einmal gefallen. Am Morgen hatte ich mir eingehend die Schlossanlage und deren einzelne Bauten angesehen. Ausnehmend gut gefiel mir die Renaissancefassade des Ottheinrichsbaues.

Nach einer Stunde Kahnfahrt auf dem Neckar am Nachmittag fuhr ich zur Handschuhsheimer Tiefburg. Von dort zog ich himmelwärts – – – durch zugewachsene Wege, Weinberge (Kostproben), Zäune und anderes. Schließlich gelangte ich kurz an die Kuppe des „Heiligen Berges". Das Wetter und meine Kopfschmerzen hatten sich aber mittlerweile so verschlechtert, dass der Rückweg geraten schien. Mit der Bahn gelangte ich zurück nach Wiesloch, wo mich die elende Quälerei des Kartenschreibens und auch das Eintragen ins Tagebuch erwartete.

Gute Nacht an alles, was von der leblosen Materie sichtlich unterschieden ist.

<u>Erläuterung</u>

Heute hat mir Heidelberg wieder einmal gefallen. Am Morgen hatte ich mir eingehend die Schlossanlage und deren einzelne Bauten angesehen. Ausnehmend gut gefiel mir die Renaissancefassade des Ottheinrichsbaues.

Nach einer Stunde Kahnfahrt auf dem Neckar am Nachmittag fuhr ich zur Handschuhsheimer Tiefburg. Von dort zog ich himmelwärts – – – durch zugewachsene Wege, Weinberge (Kostproben), Zäune und anderes. Schließlich gelangte ich kurz an die Kuppe des „Heiligen Berges". Das Wetter und meine Kopfschmerzen hatten sich aber mittlerweile so verschlechtert, dass der Rückweg geraten schien. Mit der Bahn gelangte ich zurück nach Wiesloch, wo mich die elende Quälerei des Kartenschreibens und auch das Eintragen ins Tagebuch erwartete.

Gute Nacht an alles, was von der leblosen Materie sichtlich unterschieden ist.

> *Bezüglich der „leblosen Materie" bin ich heute der Meinung, dass alles in unserem Dasein im lebendigen Schöpfergeist wurzelt und darum auch mit ihm verbunden ist. Die Annahme einer toten*

Materie würde bedeuten, dass es im Universum Orte gäbe ohne den lebendigen Schöpfergeist.

<u>22. September 1957</u>

Die Unvernunft ist eine Ausgeburt der Gemeinschaft. Wo sich ein Wesen aus der Natur entfernt
und sich einem Gesellschaftskörper unterordnet,
verliert es zwangsläufig den Gesamteindruck der
Natur. Seine Reaktion, die bisher eine vernünftige Einstellung dem Außen gegenüber war, bleibt
nur noch eine Anpassung an das Spezielle. Auch
das Spezielle ist vernünftig in der Vernunft – aber
nur in der Vernunft. Wird es aber zur Vernunft an
sich erhoben, so wird es zur Unvernunft in Bezug
auf seinen Wert.

<u>Erläuterung</u>

Die Unvernunft ist eine Ausgeburt der Gemeinschaft.

> Gemeint ist, dass die Unvernunft ein
> Produkt der menschlichen Gemeinschaft
> sei. – Im Wörterbuch der deutschen
> Sprache von Bertelsmann (Wö. d. dt.
> Spr. v. Be.) wird „Unvernunft" definiert
> als ein „Mangel an Vernunft, nicht der
> Vernunft entsprechendes Verhalten". –
> Im gleichen Wörterbuch hat „Ausge-

burt" an erster Stelle die Bedeutung
von „Erzeugnis, etwas Hervorgebrach-
tes".

Wo sich ein Wesen aus der Natur entfernt und
sich einem Gesellschaftskörper unterordnet, verliert es zwangsläufig den Gesamteindruck der
Natur.

> *Im Wö. d. dt. Spr. v. Be. hat „Eindruck"*
> *an zweiter Stelle die Bedeutung von*
> *„Einwirkung auf das Bewusstsein. Ge-*
> *fühl, Denken".*

Seine Reaktion, die bisher eine vernünftige Einstellung dem Außen gegenüber war,

> *Also der Natur gegenüber*

bleibt nur noch eine Anpassung an das Spezielle.

> *Nämlich innerhalb der Gemeinschaft*

Auch das Spezielle ist vernünftig in der Vernunft
–

> *Im Wö. d. dt. Spr. v. Be. hat „vernünf-*
> *tig" an erster Stelle die Bedeutung von*
> *„einsichtig, besonnen, auf Vernunft be-*
> *ruhend".*

aber nur in der Vernunft.

> *Im Wö. d. dt. Spr. v. Be. wird „Ver-*
> *nunft" definiert als „Fähigkeit zur Er-*
> *kenntnis und das Vermögen, sie anzu-*

wenden". Synonyme für Vernunft sind nach dem Duden unter anderem „Denkfähigkeit, Erkenntnisvermögen, Geist, Geistesgaben, Geisteskraft, Geistesstärke, Intellekt, Intelligenz, Klugheit, Überlegtheit, Umsicht, Verstand, Ratio".

Wird es aber zur Vernunft an sich erhoben,

> Nämlich das „Spezielle" in der Gemeinschaft

so wird es zur Unvernunft in Bezug auf seinen Wert.

Es ist 1:00 Uhr früh. Anhaltende Unterleibsschmerzen lassen mich nicht schlafen.

Versuch einer grundsätzlichen Betrachtung über den Wert unserer heutigen Gesellschaft.
Die Frage „Wozu sind wir auf Erden?" ist wohl schon seit dem Bestehen der Menschheit immer wieder gestellt worden. Wenn diese Frage also unabhängig von der Zeit und der Entwicklung existiert hat und noch existiert, so muss es doch eine eigenartige Bewandtnis damit haben. Ich möchte versuchen, die Beweggründe für das Aufkommen von Fragestellungen dieser Art zu erklären.
Ein höchst wichtiger Faktor für die Existenz eines Lebewesens ist die Sicherheit. Jede neue Generation einer Tier- oder Pflanzenart hat im Vergleich zu ihren Vorgängern verbesserte Fähigkeiten, um ihren Existenzkampf durchzuhalten. Diese eindeutige Entwicklungsrichtung zielt auf Sicherheit. Als bis jetzt höchste Stufe in der Entwicklung steht der Mensch. Höchste Stufe insofern, als beim Menschen ein zweites Leben, das conscientia vitae, entstand. Dieses allerdings in sehr unterschiedlichem Maße: ich sage das, weil bei vielen nur ein sehr spärliches geistiges Leben zu finden ist.

Dieses conscientia vitae verdrängt nach und nach die körperliche Existenz als Wert und macht sie einzig noch zum notwendigen Übel. Die Geisteswelt weitet sich und sucht sich vernünftigerweise zu fundieren. Nun darf man nicht glauben, dass in Urzeiten der Mensch so ganz von selbst plötzlich denken konnte. Im Gegenteil. Eine sehr lange Zeit war nötig, um dem Wesen Mensch die Eindrücke, Erfahrungen und Kenntnisse zu vermitteln, über die es heute verfügt. Mit der geistigen Menschwerdung ist aber auch das Verlangen nach Sicherheit geboren, nach einer Sicherheit, die die wertlos gewordene körperliche Sicherheit ersetzt. Sicherheit garantiert das rein biologische Fortbestehen, aber ganz besonders die Rechtfertigung vor der Vernunft. Das biologische Bestehen ist Voraussetzung. Die Rechtfertigung vor der Vernunft. – Wenn das primitive Wesen des Lebens wegen lebt, so der Mensch des Geistes wegen ... (abgebrochen)

Aufgliederung des Textes

Es ist 1:00 Uhr früh. Anhaltende Unterleibsschmerzen lassen mich nicht schlafen.

–

<u>Versuch einer grundsätzlichen Betrachtung über den Wert unserer heutigen Gesellschaft</u>

Die Frage „Wozu sind wir auf Erden" ist wohl schon seit dem Bestehen der Menschheit immer wieder gestellt worden. Wenn diese Frage also unabhängig von der Zeit und der Entwicklung existiert hat und noch existiert, so muss es doch eine eigenartige Bewandtnis damit haben. Ich möchte versuchen, die Beweggründe für das Aufkommen von Fragestellungen dieser Art zu erklären.

Ein höchst wichtiger Faktor für die Existenz eines Lebewesens ist die Sicherheit. Jede neue Generation einer Tier- oder Pflanzenart hat im Vergleich zu ihren Vorgängern verbesserte Fähigkeiten, um ihren Existenzkampf durchzuhalten. Diese eindeutige Entwicklungsrichtung zielt auf Sicherheit. Als bis jetzt höchste Stufe in der Entwicklung steht der Mensch. Höchste Stufe insofern, als beim Menschen ein zweites Leben, die „Conscientia vitae", entstand. Dieses allerdings in sehr unterschiedlichem Maße. (Ich sage das, weil bei vielen nur ein sehr spärliches geistiges Leben zu finden ist.)
Diese „conscientia vitae" verdrängt nach und nach die körperliche Existenz als Wert und macht sie einzig noch zum notwendigen Übel.

Die Geisteswelt weitet sich und sucht sich vernünftigerweise zu fundieren!

Nun darf man nicht glauben, dass in Urzeiten der Mensch so ganz von selbst plötzlich denken konnte. Im Gegenteil. Eine sehr lange Zeit war nötig, um dem Wesen Mensch die Eindrücke, Erfahrungen und Kenntnisse zu vermitteln, über die es heute verfügt.

Mit der geistigen Menschwerdung ist aber auch das Verlangen nach Sicherheit geboren, nach einer Sicherheit, die die wertlos gewordene körperliche Sicherheit ersetzt.

Sicherheit garantiert das rein biologische Fortbestehen!

Aber ganz besonders die Rechtfertigung vor der Vernunft.

Das biologische Bestehen ist Voraussetzung, die Rechtfertigung vor der Vernunft!

Wenn das primitive Wesen des Lebens wegen lebt, so der Mensch des Geistes wegen ...

(Abgebrochen)

<u>Erläuterung</u>

Es ist 1:00 Uhr früh. Anhaltende Unterleibsschmerzen lassen mich nicht schlafen.

–

<u>Versuch einer grundsätzlichen Betrachtung über den Wert unserer heutigen Gesellschaft</u>

> *Vom Inhalt und Sprachstil her handelt es sich bei dem fett Geschriebenen sicherlich um inspirativ empfangene Kommentare aus der Geistigen Welt zu meinen Aussagen.*

Die Frage „Wozu sind wir auf Erden" ist wohl schon seit dem Bestehen der Menschheit immer wieder gestellt worden. Wenn diese Frage also unabhängig von der Zeit und der Entwicklung existiert hat und noch existiert, so muss es doch eine eigenartige Bewandtnis damit haben.

> *Sachlich nicht ganz korrekt, denn erstens weiß man nicht, wann diese Frage erstmals gestellt wurde, und zweitens ist sie sicherlich von einem bestimmten Entwicklungsstand des Menschen abhängig.*

Ich möchte versuchen, die Beweggründe für das Aufkommen von Fragestellungen dieser Art zu erklären.

Ein höchst wichtiger Faktor für die Existenz eines Lebewesens ist die Sicherheit. Jede neue Generation einer Tier- oder Pflanzenart hat im Vergleich zu ihren Vorgängern verbesserte Fähigkeiten, um ihren Existenzkampf durchzuhalten.

> *Ob diesem wirklich so ist, möchte ich bezweifeln. Eher, so meine ich, setzen sich diejenigen Nachkommen im Existenzkampf durch, welche die besten Eigenschaften bzw. Fähigkeiten besitzen.*

Diese eindeutige Entwicklungsrichtung zielt auf Sicherheit.

> *Damals dachte ich, dass das Ziel eines Lebens seine Erhaltung und Absicherung sei.*

Als bis jetzt höchste Stufe in der Entwicklung steht der Mensch. Höchste Stufe insofern, als beim Menschen ein zweites Leben, die „Conscientia vitae", entstand.

> *„Conscientia" wird von „Wortbedeutung.info" erstens definiert als „das Bewusstsein" und zweitens als „das Gewissen". Mit „Conscientia vitae" meinte*

ich also, dass sich der Mensch seines Lebens bewusst wurde.

Dieses allerdings in sehr unterschiedlichem Maße. (Ich sage das, weil bei vielen nur ein sehr spärliches geistiges Leben zu finden ist.)

> *Diese Aussage steht im Widerspruch zu vielen anderen Tagebuchtexten, in welchen ich die Existenz eines Geistes an sich negiere.*

Diese „conscientia vitae" verdrängt nach und nach die körperliche Existenz als Wert und macht sie einzig noch zum notwendigen Übel.

> *Stimmt nicht, denn unabhängig davon, dass wir für das Erlangen und den Erhalt der „conscientia vitae" unseren Körper brauchen, ermöglicht er es uns auch, die für unser seelisch-geistiges Wachstum notwendigen Lebenserfahrungen zu machen.*

Die Geisteswelt weitet sich und sucht sich vernünftigerweise zu fundieren!

Nun darf man nicht glauben, dass in Urzeiten der Mensch so ganz von selbst plötzlich denken konnte. Im Gegenteil. Eine sehr lange Zeit war nötig, um dem Wesen Mensch die Eindrücke,

Erfahrungen und Kenntnisse zu vermitteln, über die es heute verfügt.

Mit der geistigen Menschwerdung ist aber auch das Verlangen nach Sicherheit geboren, nach einer Sicherheit, die die wertlos gewordene körperliche Sicherheit ersetzt.

> Sachlich nicht richtig, darum wohl auch der nachfolgende Kommentar.

Sicherheit garantiert das rein biologische Fortbestehen!

Aber ganz besonders die Rechtfertigung vor der Vernunft.

> „Etwas, jemanden oder sich rechtfertigen" bedeutet nach dem Wörterbuch der deutschen Sprache von Bertelsmann „erklären, dass etwas recht sei, zu Recht bestehe, dass jemand oder man (selbst) richtig gehandelt habe". – Im gleichen Wörterbuch wird „Vernunft" definiert als „Fähigkeit zur Erkenntnis und das Vermögen, sie anzuwenden". Und Synonyme für Vernunft sind nach dem Duden unter anderem „Denkfähigkeit, Erkenntnisvermögen,

Geist, Geistesgaben, Geisteskraft, Geistesstärke, Intellekt, Intelligenz, Klugheit, Überlegtheit, Umsicht, Verstand, Ratio".

Das biologische Bestehen ist Voraussetzung, die Rechtfertigung vor der Vernunft!

Wenn das primitive Wesen des Lebens wegen lebt, so der Mensch des Geistes wegen …

(Abgebrochen)

In letzter Zeit bin ich ziemlich nachlässig im Führen dieses Buches. Die Gründe hierzu möchte ich kurz erläutern.

Die Überschrift heißt: Die vernünftige Unvernunft – oder besser: Die unvernünftige vernünftige Unvernunft

Man wird unwillkürlich mit den Ohren schlackern und sich bekreuzigen, wenn einem dieses aufgetischt wird. Aber ganz so grausam ist es nun doch nicht.

Setzen wir den vernünftigen Weltzustand als Vernunft voraus, so ist unser Handeln und Streben, was auf diesen Zustand hinaus will, vernünftig – vernünftig aber nur solange, als es sich in diesem Zustand der Dinge, state of affairs, befindet. Sind wir im Endzustand angelangt, so wird die Fortführung unseres bisherigen Lebens sinnlos oder unvernünftig, da sie ja außerhalb der Vernunft liegt. Wir sehen uns jetzt einer neuen Lage gegenüber. Das bisherige Ziel, die Vernunft, ist erreicht und die Vernunft zu erhalten wäre der neue vernünftige Zustand. Betrachten wir jetzt aus der Vernunft heraus den vernünftigen Entwicklungsgang des Menschen oder den Menschen als vernünftigen Entwicklungsgang, so müssen wir sagen, dass der Mensch eben als aufwärts strebender Pfeil unvernünftig wird. Der Mensch wird zu einem unvernünftigen vernünftigen Etwas. Aus diesem Zustand heraus kann der Mensch, als unvernünftiges vernünftiges Wesen die Vernunft kennend, vernünftig unvernünftig handeln. Und eben dieser Zustand, der Mensch als vernünftig unvernünftig handelndes, unvernünftig vernünftiges Wesen wäre das Ideal.

Nun kurz zu der Überschrift: Die unvernünftige vernünftige Unvernunft. Sie ist eine Steigerung des oben beschriebenen Ideals. Der Idealzustand hat mit dem Menschsein nichts gemein. Denn war das Menschsein letztlich noch vernünftig, so ist das Ideal unvernünftig. Wir kommen so zu der Konstruktion folgenden Begriffes: Hat der Mensch den Idealzustand erreicht, so ist er zwar ein vernünftig unvernünftig handelndes, unvernünftig vernünftiges Wesen, aber letztlich außerhalb der Vernunft. Die Betrachtung dieses unvernünftigen (vernünftig unvernünftig handelnden, unvernünftig vernünftigen) Wesens muss zwangsläufig zum Nihilismus führen.

<u>Erläuterung</u>

In letzter Zeit bin ich ziemlich nachlässig im Führen dieses Buches. Die Gründe hierzu möchte ich kurz erläutern.

> *An dieser Stelle habe ich am 16. November 1957 einen Auslassungsvermerk mit Fragezeichen angebracht. Möglicherweise setzte abrupt die Inspiration des nachfolgenden Textes ein.*

Die Überschrift heißt: <u>Die vernünftige Unvernunft – oder besser: Die unvernünftige vernünftige Unvernunft</u>

> *Die plötzliche Überleitung zu dieser Überschrift beziehungsweise zu diesem Thema kann ich mir nicht mehr erklären.*

Man wird unwillkürlich mit den Ohren schlackern und sich bekreuzigen, wenn einem dieses aufgetischt wird.

> *„Mit den Ohren schlackern" bedeutet nach dem Wörterbuch der deutschen Sprache von Bertelsmann (Wö. d. dt.*

Spr. v. Be.) (im übertragenen Sinn) „sehr erstaunt, überrascht sein".

Aber ganz so grausam ist es nun doch nicht.

Setzen wir den vernünftigen Weltzustand als Vernunft voraus,

> Im Wö. d. dt. Spr. v. Be. hat „vernünftig" an erster Stelle die Bedeutung von „einsichtig, besonnen, auf Vernunft beruhend". – Im gleichen Wörterbuch wird „Vernunft" definiert als „Fähigkeit zur Erkenntnis und das Vermögen, sie anzuwenden". Und Synonyme für Vernunft sind nach dem Duden unter anderem „Denkfähigkeit, Erkenntnisvermögen, Geist, Geistesgaben, Geisteskraft, Geistesstärke, Intellekt, Intelligenz, Klugheit, Überlegtheit, Umsicht, Verstand, Ratio".

so ist unser Handeln und Streben, was auf diesen Zustand hinaus will, vernünftig – vernünftig aber nur solange, als es sich in diesem Zustand der Dinge, state of affairs, befindet. Sind wir im Endzustand angelangt,

> Also im Zustand der Vernunft

so wird die Fortführung unseres bisherigen Lebens

> *Nämlich unser oben angeführten „Handeln und Streep"*

sinnlos oder unvernünftig, da sie ja außerhalb der Vernunft liegt.

> *Damit meinte ich wohl, dass ein Leben, dessen Ziel es ist, vernünftig zu werden, unvernünftig wird, wenn es nach dem Erreichen seines Zieles sein bisheriges Leben fortsetzt.*

Wir sehen uns jetzt einer neuen Lage gegenüber. Das bisherige Ziel, die Vernunft, ist erreicht, und die Vernunft zu erhalten, wäre der neue vernünftige Zustand. Betrachten wir jetzt aus der Vernunft heraus den vernünftigen Entwicklungsgang des Menschen, oder den Menschen als vernünftigen Entwicklungsgang, so müssen wir sagen, dass der Mensch eben als aufwärts strebender Pfeil unvernünftig wird. Der Mensch wird zu einem unvernünftigen vernünftigen Etwas.

> *Im Wö. d. dt. Spr. v. Be. hat „Etwas" an erster Stelle die Bedeutung von „unbestimmte Sache oder Eigenschaft" und an zweiter Stelle von „(kleines) Lebewesen".*

Aus diesem Zustand heraus kann der Mensch, als unvernünftiges vernünftiges Wesen die Vernunft kennend, vernünftig unvernünftig handeln. Und eben dieser Zustand, der Mensch als vernünftig unvernünftig handelndes, unvernünftig vernünftiges Wesen, wäre das Ideal.

> ➤ *Im Wö. d. dt. Spr. v. Be. hat „Ideal" an erster Stelle die Bedeutung von „Vorbild" und an zweiter Stelle von „Richtschnur, Leitgedanke, Zielpunkt".*

Nun kurz zu der Überschrift: Die unvernünftige vernünftige Unvernunft. Sie ist eine Steigerung des obenbeschriebenen Ideals.

> ➤ *Nämlich „der Mensch als vernünftig unvernünftig handelndes, unvernünftig vernünftiges Wesen".*

Der Idealzustand hat mit dem Menschsein nichts gemein. Denn war das Menschsein letztlich noch vernünftig, so ist das Ideal unvernünftig. Wir kommen so zu der Konstruktion folgenden Begriffes: Hat der Mensch den Idealzustand erreicht, so ist er zwar ein vernünftig unvernünftig handelndes, unvernünftig vernünftiges Wesen, aber letztlich außerhalb der Vernunft. Die Betrachtung dieses unvernünftigen (vernünftig unvernünftig handelnden, unvernünftig vernünftigen) Wesens muss zwangsläufig zum Nihilismus führen.

➤ Im Wö. d. dt. Spr. v. Be. wird „Betrachtung" definiert als „das Betrachten, ruhiges, nachdenkliches Anschauen". – Nach dem gleichen Wörterbuch hat „Nihilismus" die Bedeutung von „Verneinung aller Werte, Auffassung, dass alles Sein sinnlos und nichtig sei".

<u>27. Oktober 1957,   heute ist Sonntagmittag, 13:00 Uhr</u>

Ich war erst spät in der vergangenen Nacht zu Bett gegangen. Ich weiß nicht mehr so recht, was ich geträumt habe, außer dem einen nachfolgenden Bild. Doch stehen noch dunkel grässliche Eindrücke von zerschnittenen Menschenleibern in meinem Bewusstsein. Der Zusammenhang der Handlung fehlt.

Es muss in den Morgenstunden gewesen sein, als mich ein Bild streifte, das mich überaus beglückte: Indien hieß das Land, das Mädchen hieß – ich weiß es nicht – und ich hieß „Ich". Wir arbeiteten auf einer dicht bewachsenen Wiese. Das Klima spürte ich nicht – ein unwirkliches Fleckchen Erde. Das Mädchen reichte mir Heubündel – ich gab sie weiter – unsere Hände berührten sich – ich gab es nicht weiter. Die Arbeit ging dem Ende zu – unsere Hände berührten sich öfters.
Ich weiß noch, wir gingen in der Dämmerung aus dem Garten. Ich war nicht mehr Ich. Weich lehnte sie sich gegen mich – oder zog ich sie an mich. Ihr Gesicht lag an meinem, meines lag an ihrem. Wir vergaßen die Zeit. Seligkeit lag in den Minuten unseres Zusammenseins. Wir wurden auseinandergerufen. Es war mein letzter Abend in Indien. Wir sollten nach Hause. Das Mädchen

hatte mich gefesselt. Die Arbeit tat ich für sie, sie machte mich hasten. Ein Abschied von ihr sollte mir gegönnt sein. Ich war auf dem Weg zu ihr – aber ich sah ihre Hütte nicht mehr. Licht trieb mir die Augen auf – ich wehrte mich verzweifelt. Ihr Bild blieb mir verschwunden.

(Anmerkung im November 1957 zu „Das Mädchen reichte … berührten sich öfters": Klingt sehr komisch!!
Anmerkung am 17.5.1958 zu „Ich war nicht mehr Ich … Wir wurden auseinandergerufen": Pubertätserscheinungen.)

<u>Erläuterung und Deutung</u>

Ich war erst spät in der vergangenen Nacht zu Bett gegangen. Ich weiß nicht mehr so recht, was ich geträumt habe außer dem einen nachfolgenden Bild.

> *... dem nachfolgenden Traumbild*

Doch stehen noch dunkel grässliche Eindrücke von zerschnittenen Menschenleibern in meinem Bewusstsein.

> *„Etwas schneiden" bedeutet nach dem Wörterbuch der deutschen Sprache von Bertelsmann (Wö. d. dt. Spr. v. Be.) an*

erster Stelle „mit Messer, Schere oder einem ähnlichen Gerät zerteilen". Zu „Messer" schreibt Günter Harnisch unter anderem: „Eine phallisch-sexuelle Bedeutung, wie Freud sie annahm, hat das Messer in den seltensten Fällen. Häufig deutet es im Traum im übertragenen Sinne auf ein gedankliches Zerteilen, also ein Analysieren und Differenzieren hin ..."

Der Zusammenhang der Handlung fehlt.

Es muss in den Morgenstunden gewesen sein, als mich ein Bild streifte, das mich überaus beglückte:

> Träume in den Morgenstunden vor dem Aufwachen haben in der Regel eine größere Bedeutung. Sie sind oft noch lebhaft in der Erinnerung, und man fühlt sich häufig genötigt, sie anderen mitzuteilen. Man spricht über sie bzw. man versucht, Aufschluss über sie zu erhalten.

Indien hieß das Land, das Mädchen hieß – ich weiß es nicht – und ich hieß „Ich".

> Im Wö. d. dt. Spr. v. Be. wird „Ich" an erster Stelle definiert als „die eigene Person, Teil der eigenen Person".

Wir arbeiteten auf einer dicht bewachsenen Wiese.

> Zu Arbeit schreibt Günter Harnisch: „In der Traumsprache kündigt sich mit diesem Bild meist die Notwendigkeit einer Persönlichkeitsentwicklung an. Sie ist mit Arbeit an uns selbst verbunden." – Und bezüglich Wiese heißt es beim gleichen Autor: „Eine grüne Wiese im Traum ist ein positives Signal. Sie symbolisiert neues Wachstum, Werden und Fortschritt, aber noch nicht Reife."

Das Klima spürte ich nicht – ein unwirkliches Fleckchen Erde.

> „Im Schoß der Erde liegt die Saat. Sie reift zu neuem Leben heran. Dementsprechend weist Erde als Traumsymbol meist auf Körperlichkeit, Fruchtbarkeit, Mütterlichkeit und Nähren hin. Wer tief in die Erde eindringt, gelangt in Bereiche der Vergangenheit, der Geschichte und des Todes. Wer aus der Erde auf-

steigt, erwacht zu neuem Leben. Mit diesem Traumbild kann auch die Geschichte der eigenen Persönlichkeit gemeint sein. Wer sich zu tief in die Erde eingräbt, lebt nur noch seinen Erinnerungen. Er entfernt sich von der Wirklichkeit. Wer sich aus der Erde befreit, wird lebenstüchtig. Er erlebt eine körperliche oder geistige Wiedergeburt und gewinnt neue Lebensperspektiven ..." (Günter Harnisch)

Das Mädchen reichte mir Heubündel –

> Im Wö. d. dt. Spr. v. Be. wird „Heu" definiert als „getrocknetes Gras (als Tierfutter)". – „Heu (verdorrtes Gras) gilt als Symbol des Nichts, des Leeren, Unfruchtbaren, der Vanitas". (Lexikon der sprichwörtlichen Redensarten von Lutz Röhrich)

ich gab sie weiter – unsere Hände berührten sich – ich gab es nicht weiter. Die Arbeit ging dem Ende zu – unsere Hände berührten sich öfters.

> „Die Hand ist das körperliche Instrument des menschlichen Handelns. Dementsprechend sind alle Träume zu deu-

ten, in denen die Hand eine Rolle spielt …" (Günter Harnisch). – „Jemanden berühren" bedeutet nach dem Wö. d. dt. Spr. v. Be. unter anderem jemanden „innerlich bewegen".

Ich weiß noch, wir gingen in der Dämmerung aus dem Garten.

> Im Wö. d. dt. Spr. v. Be. wird „Dämmerung" an erster Stelle definiert als „Zeit zwischen Tag und Nacht, in der die Sonne noch unter dem Horizont steht, ihr Licht aber schon schwache Helligkeit vermittelt". – „Der Garten ist im Allgemeinen ein Symbol der partnerschaftlichen Beziehung. Er zeigt Wachstum, Fruchtbarkeit, Lebensfreude an und hat fast immer eine positive Bedeutung …" (Günter Harnisch)

Ich war nicht mehr Ich. Weich lehnte sie sich gegen mich – oder zog ich sie an mich. Ihr Gesicht lag an meinem, meines lag an ihrem.

> „Der Ausdruck des Gesichts kann seelische Befindlichkeiten widerspiegeln …" (Günter Harnisch)

Wir vergaßen die Zeit. Seligkeit lag in den Minuten unseres Zusammenseins. Wir wurden auseinandergerufen. Es war mein letzter Abend in Indien. Wir sollten nach Hause.

> ➢ *Nach dem Wö. d. dt. Spr. v. Be. bezeichnet man mit „Haus" unter anderem auch die Herkunft, den Ursprung, zum Beispiel: Er ist aus gutem Hause.*

Das Mädchen hatte mich gefesselt.

> ➢ *„Jemanden oder etwas „fesseln" hat nach dem Wö. d. dt. Spr. v. Be. im übertragenen Sinn die Bedeutung von „stark anziehen, festhalten, interessieren", zum Beispiel „sie fesselt ihn durch ihre Liebenswürdigkeit". — „Eine Fessel im Traum ist ein positives wie negatives Sinnbild einer Bindung. Sie kann auf die Partnerschaft des Träumenden hinweisen, aber auch auf andere Bindungen persönliche oder beruflicher Art." (Günter Harnisch)*

Die Arbeit tat ich für sie, sie machte mich hasten.

> ➢ *Nach dem Wö. d. dt. Spr. v. Be. hat „hasten" die Bedeutung von „hastig, überstürzt laufen". Und in meinem Ta-*

gebucheintrag vom 9. April 1961 heißt
es: „Ringelein, Ringelein, Rose, Butter in
der Dose, Schmalz in dem Kasten,
morgen müssen wir hasten."

Ein Abschied von ihr sollte mir gegönnt sein. Ich war auf dem Weg zu ihr – aber ich sah ihre Hütte nicht mehr.

> ➢ „Das Haus stellt im Traum das Gehäuse der Seele dar ..." (Günter Harnisch)

Licht trieb mir die Augen auf –

> ➢ „Licht ist Symbol für Bewusstsein, Verstand, Erkenntnisvermögen, geistige und gefühlsmäßige Klarheit, Ausgeglichenheit und Lebenskraft, Hoffnung und Freude am Leben. Das Licht beseitigt Unwissenheit und Zweifel. Was im Licht liegt, kann man erkennen und begreifen. Man braucht es nicht zu fürchten. In diesem Sinne verkörpert das Licht als Traumsymbol den schöpferischen Geist, der Unwissenheit und Zweifel überwindet ..." (Günter Harnisch). – Im Wö. d. dt. Spr. v. Be. hat „Licht" an fünfter Stelle die Bedeutung von „geistige Fähigkeiten, Wissen. – „Im

Volksmund bezeichnet man die Augen als den Spiegel der Seele. Das Auge hat im Traum die Symbolbedeutung eines Bewusstseinsorgans. Eine Behinderung der Sehfähigkeit informiert beispielsweise darüber, dass der Träumende ein bestimmtes Problem oder auch die Problematik seiner Lebensführung insgesamt nicht richtig sieht." (Günter Harnisch)
ich wehrte mich verzweifelt. Ihr Bild blieb mir verschwunden.

(Anmerkung im November 1957 zu „Das Mädchen reichte [...] berührten sich öfters": Klingt sehr komisch!!
Anmerkung am 17. Mai 1958 zu „Ich war nicht mehr Ich [...] Wir wurden auseinandergerufen": Pubertätserscheinungen.)

Zurzeit habe ich das Vergnügen, Träger einer Lunge zu sein, die zu entzünden sich nicht enthalten konnte.

Ich habe mich in letzter Zeit grundsätzlich geändert. Der Verdacht, dass dieses mit einem verspäteten Ende einer aufgehaltenen Pubertät harmoniert, festigt sich immer mehr.
Zunächst erfahre ich von allen Seiten, dass ich nicht die Gesichtsentwicklung eines 21- Jährigen besäße. Nebenbei gesagt höre ich das nicht ungern, und ich werde niemals aufhören, mir das Altern auszureden.

Während ich in der letzten Zeit alles Mögliche aufgebracht habe, um bei meinen Mitmenschen auf Verständnis zu stoßen – und ich auch bei diesen eine angenähert gleiche Weltanschauung mit der Anerkennung der Humanitas zu finden hoffte und schließlich doch maßlos enttäuscht wurde – bildete sich aus den alten Erkenntnissen keine neue Weltanschauung, sondern eine Taktik: das Selbstbewusstsein. Es ist traurig zu sagen: zur Existenz und zum Erfolg gehört das Selbstbewusstsein wie der Dotter zum Ei, wenn das Ei unsere heutige Menschheit darstellt.

Ich habe bis heute wenige Menschen kennengelernt. Die meisten entstammen der Arbeiterklasse, wenige der gehobenen Schicht. Aber auch ich mit meinen 21 Jahren habe hier einige Erfahrungen sammeln können. Doch was ich da gesammelt habe, ist beileibe kein Renommee für den „kleinen Mann". Ich gebe zu, es gibt rühmliche Ausnahmen, aber im Allgemeinen – es ist alles nur Stoff. Hier wage ich nicht, an ein geistiges Existieren zu glauben. Das Wertvollste ist bei diesen Menschen das Leben, so, wie sie hineingeboren wurden. Die geistigen Fähigkeiten, die einmal andere Menschen entwickelt haben, missbrauchen sie dazu, die Zeitspanne, die zwischen Geburt und Tod liegt, für das körperliche Wohlbefinden möglichst günstig zu gestalten. Ihre Zeit ist ausgefüllt mit Gier, mit Gier nach Geld und Diffamierung ihrer Mitmenschen zu ihrem eigenen Vorteil – ein geistloses Fleischklumpen-Proletariat. Ich bin der Meinung, dass eine Demokratie oder ein Gesellschaftskörper, der dem Einzelnen weitgehende Abschweifungen von der Vernunft erlaubt und ihm größtmögliche Freiheit gibt in der Pflege des Körpers, im Zerfall begriffen ist, und auch besonders dadurch, dass das oben genannte System vom <u>Urteil</u> des Einzelnen <u>bei der Wahl</u> lebt. Es gibt nur einen Ausweg aus dem System des herrschenden Proletariats: die Diktatur – die Diktatur der Vernunft.

Nun behaupte ich nicht, dass die Vernunft als vorhanden vorausgesetzt werden muss. Es ist durchaus ausreichend, wenn sie als anzustrebendes Ideal dem Staatsführer die Richtung der Entwicklung zeigt.

Das Menschenmaterial muss geordnet werden in Klassen und Klässchen, in Gruppen und Grüppchen, und zwar nach dem Maßstab der Menschlichkeit, der geistigen Reife, wobei natürlich der tiefsten Klasse die Möglichkeit gegeben ist, die höchste Klasse zu erreichen.

An die Stelle des Kapitalismus tritt die Zugehörigkeit zur Klasse. Nicht Geldbesitz noch sonstige Künste werden den Mann auszeichnen, sondern allein seine Verdienste um die Humanitas und das damit verbundene Aufsteigen in die oberen Klassen. Die Wirtschaft steht unter der Leitung des homo primus, wie überhaupt das ganze öffentliche Leben.

Es soll niemand gezwungen sein, aus Not human zu werden. Der Verdienst wird klassengemäß sein – nicht leistungsgemäß. Eine Religion wird verboten, weil sie im Widerspruch zur Vernunft steht.

<u>Erläuterung</u>

Zurzeit habe ich das Vergnügen, Träger einer Lunge zu sein, die zu entzünden sich nicht enthalten konnte.

> *Von dem etwas abgehobenen Sprachstil einmal abgesehen, hatte ich wohl eine leichte Lungenentzündung. Damals rauchte ich stark.*

Ich habe mich in letzter Zeit grundsätzlich geändert. Der Verdacht, dass dieses mit einem verspäteten Ende einer aufgehaltenen Pubertät harmoniert, festigt sich immer mehr.

> *Ich dachte an eine verzögert ablaufende Pubertät.*

Zunächst erfahre ich von allen Seiten, dass ich nicht die Gesichtsentwicklung eines 21- Jährigen besäße. Nebenbei gesagt höre ich das nicht ungern, und ich werde niemals aufhören, mir das Altern auszureden.

Während ich in der letzten Zeit alles Mögliche aufgebracht habe, um bei meinen Mitmenschen auf Verständnis zu stoßen – und ich auch bei diesen eine angenähert gleiche Weltanschauung mit der Anerkennung der Humanitas zu finden hoffte und schließlich doch maßlos enttäuscht wurde –

> ➢ *Ein bekanntes Problem bei Heranwachsenden, deren mehr idealistische Vorstellungen konfrontiert werden mit dem Weltbild und der Lebenseinstellung der Erwachsenen. – Im Fremdwörterlexikon von Wahrig wird das lateinische Wort „Humanitas" übersetzt mit „Menschlichkeit".*

bildete sich aus den alten Erkenntnissen keine neue Weltanschauung, sondern eine Taktik: das Selbstbewusstsein.

> ➢ *Mit „Taktik" meinte ich wohl die Möglichkeit, sich im Leben mit Hilfe des Selbstbewusstseins besser durchsetzen zu können. – Im Wörterbuch der deutschen Sprache von Bertelsmann (Wö. d. dt. Spr. v. Be.) hat „Taktik" an zweiter Stelle (im übertragenen Sinn) die Bedeutung von „planmäßiges Vorgehen".*

Es ist traurig zu sagen: zur Existenz und zum Erfolg gehört das Selbstbewusstsein wie der Dotter zum Ei, wenn das Ei unsere heutige Menschheit darstellt.

> Was „traurig" angeht, nur bedingt
> richtig, denn im Wö. d. dt. Spr. v. Be.
> hat „Selbstbewusstsein" an erster Stelle
> die Bedeutung von „Bewusstsein von
> sich selbst als denkendes, fühlendes We-
> sen" und an zweiter Stelle von „Über-
> zeugtheit von der eigenen Person, den
> eigenen Fähigkeiten".

Ich habe bis heute wenige Menschen kennengelernt. Die meisten entstammen der Arbeiterklasse, wenige der gehobenen Schicht. Aber auch ich mit meinen 21 Jahren habe hier einige Erfahrungen sammeln können. Doch was ich da gesammelt habe, ist beileibe kein Renommee für den „kleinen Mann". Ich gebe zu, es gibt rühmliche Ausnahmen, aber im Allgemeinen – es ist alles nur Stoff.

> Im Wö. d. dt. Spr. v. Be. hat „Stoff" an
> zweiter Stelle die Bedeutung von „ein-
> heitliches Material, Substanz".

Hier wage ich nicht, an ein geistiges Existieren zu glauben.

> Damals hielt ich, ohne an eine geistige
> Existenz des Menschen zu glauben, seine

Beschäftigung mit geistigen Dingen für ein geistiges Leben.

Das Wertvollste ist bei diesen Menschen das Leben, so, wie sie hineingeboren wurden. Die geistigen Fähigkeiten, die einmal andere Menschen entwickelt haben, missbrauchen sie dazu, die Zeitspanne, die zwischen Geburt und Tod liegt, für das körperliche Wohlbefinden möglichst günstig zu gestalten. Ihre Zeit ist ausgefüllt mit Gier, mit Gier nach Geld und Diffamierung ihrer Mitmenschen zu ihrem eigenen Vorteil – ein geistloses Fleischklumpen-Proletariat.

> Sehr negativ und polemisch formuliert. Ich bitte um Entschuldigung. Heute sehe ich das nicht mehr so. Ein Sprichwort hat zu meiner Meinungsänderung beigetragen: „Die Sünder von heute sind die Heiligen von morgen" – oder: „Die Heiligen von heute sind die Sünder von gestern". Oft genug sieht man auch im Rahmen der Projektion bei denjenigen, die man kritisiert, seine eigenen Schwächen. Geduld ist angesagt, wobei allerdings nicht unerwähnt bleiben darf, dass unser Gemütszustand zum Zeitpunkt unseres Todes unser Schicksal im

Leben nach dem Tod mitbestimmt. Man sagt: Der Baum bleibt liegen wie er fällt. Ich bin der Meinung, dass eine Demokratie oder ein Gesellschaftskörper, der dem Einzelnen weitgehende Abschweifungen von der Vernunft erlaubt und ihm größtmögliche Freiheit gibt in der Pflege des Körpers, im Zerfall begriffen ist, und auch besonders dadurch, dass das obengenannte System vom <u>Urteil</u> des Einzelnen <u>bei der Wahl</u> lebt.

> ➤ Vom Wesen der Vernunft hatte ich damals, wie auch schon aus früheren Tagebucheinträgen ersichtlich, nicht die richtige Vorstellung, denn im Wö. d. dt. Spr. v. Be. wird „Vernunft" definiert als „Fähigkeit zur Erkenntnis und das Vermögen, sie anzuwenden". Demnach kann nicht von allen ein vernünftiges Handeln erwartet werden. – Mit „in der Pflege des Körpers" meinte ich sicherlich „in der Pflege seines Körpers". – Das Positive an der Demokratie ist, dass der Einzelne, der Bürger, eigenverantwortlich an den Zielsetzungen der Gesellschaft beteiligt wird. Das birgt

in sich natürlich die Gefahr der Fehlentscheidung, insbesondere im Hinblick darauf, was dem Menschen von einer höheren Warte als Ziel bestimmt ist. Fehlentscheidungen können dramatische und tragische Folgen haben, aber immerhin lernen die Menschen nach einer gewissen Zeit aus ihren Fehlern, und die Menschen, die gelernt haben, sind in ihrer geistigen Entwicklung ein Stück weitergekommen. Mit einer klugen Gesetzgebung können Auswüchse des Fehlverhaltens gebremst werden. Schon in einer Schulklasse muss eine gewisse Ordnung eingehalten werden, um den Lernprozess nicht zu stören und das Klassenziel zu erreichen.

Es gibt nur einen Ausweg aus dem System des herrschenden Proletariats: die Diktatur – die Diktatur der Vernunft.

> Bezüglich der Bedeutung des Wortes „Vernunft" siehe oben. Synonyme für Vernunft sind nach dem Duden unter anderem „Denkfähigkeit, Erkenntnis-

vermögen, Geist, Geistesgaben, Geisteskraft, Geistesstärke, Intellekt, Intelligenz, Klugheit, Überlegtheit, Umsicht, Verstand, Ratio". Danach ist mit ihr keine Diktatur möglich, denn im Wö. d. dt. Spr. v. Be. wird „Diktatur" definiert als „Staatsform, die auf der unbeschränkten Machtausübung eines Diktators (oder einer Gruppe von Diktatoren) beruht". Solange der Mensch nicht unumstößlich weiß, woher er kommt, was er ist und was ihn am Ende seiner Entwicklung erwartet, kann er nicht unumstößlich festlegen, was richtig ist und was falsch.

Nun behaupte ich nicht, dass die Vernunft als vorhanden vorausgesetzt werden muss. Es ist durchaus ausreichend, wenn sie als anzustrebendes Ideal dem Staatsführer die Richtung der Entwicklung zeigt.

> ➤ Falsch, denn die Vernunft ist nicht unser eigentliches Entwicklungsziel, sondern nur eine Voraussetzung auf dem Weg dahin.

Das Menschenmaterial muss geordnet werden in Klassen und Klässchen, in Gruppen und Grüppchen, und zwar nach dem Maßstab der Menschlichkeit, der geistigen Reife, wobei natürlich der tiefsten Klasse die Möglichkeit gegeben ist, die höchste Klasse zu erreichen.

> ➢ *Im Wö. d. dt. Spr. v. Be. hat „Material" an erster Stelle die Bedeutung von „Rohstoff, Baustoff", an zweiter Stelle von „Zutaten" und an dritter Stelle von „Hilfsmittel, Unterlagen, Belege". Nach diesem ist das (schreckliche) Wort „Menschenmaterial" hier fehl am Platz, denn das eigentliche Wesen des Menschen ist unserer Wissenschaft noch nicht bekannt. Eine Klassifizierung der Menschen in der oben angeführten Art ist darum nicht möglich, denn um eine solche durchführen zu können, müsste man den ganzen Menschen kennen, auch seine verborgenen Anteile.*

An die Stelle des Kapitalismus tritt die Zugehörigkeit zur Klasse. Nicht Geldbesitz noch sonstige Künste werden den Mann auszeichnen, sondern allein seine Verdienste um die Humanitas und das damit verbundene Aufsteigen in die oberen Klassen.

> ➤ Den Kapitalismus kann man nicht wegzaubern. Er ist eine Wegstation in der Entwicklung der menschlichen Seele. Man muss ihn erfahren, um ihn zu erkennen und sich von ihm trennen zu können. Letzteres sollte aber freiwillig geschehen, weil anderenfalls der Mensch weiterhin an ihn gebunden bliebe. – Das lateinische Wort „Humanitas" wird im Langenscheidts Taschenwörterbuch übersetzt mit „Menschlichkeit, menschliche Art; Menschenfreundlichkeit, Milde; Höflichkeit; echte Bildung, (feiner) Geschmack, Anstand". Nach dem Fremdwörterlexikon von Wahrig hat „Humanitas" die Bedeutung von „Menschlichkeit".– Bezüglich der „Verdienste um die Humanitas" wird sicherlich derjenige, welcher sich da hervorgetan hat, nicht in jedem Fall unbedingt ins Rampenlicht wollen. Heißt es doch bei Leistungen dieser Art, es soll

die rechte Hand nicht wissen was die linke tut. Die Honorierung dafür erfolgt im Wesentlichen auf einer anderen Ebene.

Die Wirtschaft steht unter der Leitung des homo primus, wie überhaupt das ganze öffentliche Leben.

> „Homo" ist das lateinische Wort für „Mensch". Und „primus" wird im Langenscheidts Taschenwörterbuch übersetzt mit „vorderster; erster". Demnach ist ein wirklicher „Homo primus" nicht so leicht zu finden, und ob dieser dann überhaupt bereit wäre, die obengenannte Aufgabe zu übernehmen, ist sehr fraglich. Aber abgesehen davon wäre es sicher für die Allgemeinheit von Vorteil, wenn Menschen, die sich um die Interessen ihrer Mitmenschen verdient gemacht haben, führende Positionen in der Wirtschaft und im öffentlichen Leben einnehmen würden.

Es soll niemand gezwungen sein, aus Not human zu werden.

> Damit wollte ich wohl sagen, dass die
untersten Gesellschaftsklassen keine Not
leiden sollten.

Der Verdienst wird klassengemäß sein – nicht
leistungsgemäß.

> Das ist auf unserer Erde aus oben ange-
gebenen Gründen nicht durchführbar.
Und überhaupt ist es fraglich, ob reifere
Menschen mit ihrem Verdienst, das
heißt mit ihren Einkünften, wesentlich
oberhalb des Verdienstes ihrer Mitmenschen liegen wollten. – Im Wö. d. dt.
Spr. v. Be. wird der „Verdienst" definiert als „Gewinn, Einkommen, Lohn".

Eine Religion wird verboten, weil sie im Widerspruch zur Vernunft steht.

> Auch von dieser Aussage habe ich mich
distanziert. Damals galt für mich nur
das verstandesmäßig Fassbare, welchem, wie ich annahm, die Vernunft
zugrunde lag. Letztere war mir aber
von ihrer oben angeführte Definition
her noch unbekannt. Später fand ich
dann einen Zugang zum Außersinnli-
chen, wodurch sich mir eine neue Welt

öffnete. Ich lernte dabei eine höhere Welt kennen, auf die wir mit unserer seelisch-geistige Entwicklung zusteuern. Die Religion ist eine Einrichtung, die den Menschen mit jenem für ihn nicht Fassbaren verbindet. Das, was auf diesem Weg der Menschheit im Laufe ihrer Geschichte zufloss, ist umfangreich und bedarf der kritischen Betrachtung. Unzweifelhaft aber gab es große Menschheitslehrer, die mit ihrem Wissen um die höhere Welt den Menschen den Weg wiesen.

Grausam die Zeit, wo Körper und Geist nach oben streben, die Macht zu nehmen und der Theorie die Ausübung, die Verwirklichung zu zeigen. Grausam das Warten, das Werden, die Fesseln. Zeit rinnt – Schweiß rinnt. Es sind noch Zweifel – oder Menschen, Menschen nur Menschen: Warum lebte ich sonst? Wozu suchte ich denn die Vernunft? – Die Vernunft – braucht sie Menschen, nein – anders. Wie denn? Braucht der Körper Vernunft? Wird wohl. Wie sollte sich ein Wassertropfen in der Hölle halten können? Dem Tropfen ist das Meer vernünftig – wieso ist er aber sich selbst vernünftig? Was gibt es denn außer der Vernunft? Die Unvernunft? – Warum? Warum sollte es, wenn das Prinzip vernünftig, Unvernünftiges geben? Warum sollte es fallendes und steigendes Wasser geben, warum Verbrennungen, die nichts verbrennen? Es kann endlos so fortgefahren werden. Wenn aber Unvernunft und Vernunft nebeneinander als Prinzipien bestünden – es ist falsch gefragt, besser – könnten sie bestehen? – Nein; denn würde das Wesen des aufstrebenden Wassers sich im abstrebenden Wasser erhalten oder umgekehrt? Was bleibt von zwei Kräften, die gegeneinander wirken? Was tut sich in der unbeeinflussten Natur relativ zu ihrem Wesen entgegen.

Kann es je zwei entgegengesetzte Prinzipien gegeben haben? – Nein, sie würden ihr Wesen verlieren. Aber es gibt die Unvernunft, es gibt die Vernunft, die eine wird erst durch die andere definiert.

Betrachten wir es einmal anders. Vor dem Etwas kann es kein Nichts geben und umgekehrt; denn keines kann aus dem anderen entstehen. So müssen wir einen Zustand als vorhanden voraussetzen. Also der (Materie)zustand. Wohlgemerkt ein Zustand, der sich von anderen nur durch sein Wesen unterscheidet, nicht aber durch feste, flüssige oder gasförmige Körper. Diesen ersten Zustand X nennen wir vernünftig im Prinzip, darum, weil er der einzige ist und in keinen anderen wechseln kann: er muss sich darum erhalten. Würden wir ihn unvernünftig nennen, so müsste er zerfallen im Gegeneinander von Vernunft und Unvernunft, was zum oben Gesagten absurd wäre.

Aufgliederung des Textes

Grausam die Zeit, wo Körper und Geist nach oben streben, die Macht zu nehmen und der Theorie die Ausübung, die Verwirklichung zu zeigen. Grausam das Warten, das Werden, die Fesseln. Zeit rinnt, Schweiß rinnt ...

Es sind noch Zweifel!

Oder Menschen. Menschen, nur Menschen! Warum lebte ich sonst? Wozu suchte ich denn die Vernunft?!

Die Vernunft?

Braucht sie Menschen?

Nein, anders!

Wie denn?

Braucht der Körper Vernunft?

Wird wohl. Wie sollte sich ein Wassertropfen in der Hölle halten können? Dem Tropfen ist das Meer vernünftig. Wieso ist er aber sich selbst vernünftig?

Was gibt es denn außer der Vernunft?

Die Unvernunft?!

Warum? – Warum sollte es, wenn das Prinzip vernünftig ist, Unvernünftiges geben?! Warum sollte es fallendes und steigendes Wasser geben, warum Verbrennungen, die nichts verbrennen?! Es kann endlos so fortgefahren werden!

Wenn aber Unvernunft und Vernunft nebeneinander als Prinzipien bestünden? Es ist falsch gefragt. Besser: Könnten sie bestehen?

Nein! Denn würde das Wesen des aufstrebenden Wassers sich im abstrebenden Wasser erhalten oder umgekehrt? Was bleibt von zwei Kräften, die gegeneinander wirken? Was tut sich in der unbeeinflussten Natur entgegen ihrem Wesen? Kann es je zwei entgegengesetzte Prinzipien gegeben haben?

Nein, sie würden ihr Wesen verlieren. Aber es gibt die Unvernunft, es gibt die Vernunft!

Die eine wird erst durch die andere definiert! – Betrachten wir es einmal anders. Vor dem Etwas kann es kein Nichts geben und umgekehrt, denn keines kann aus dem anderen entstehen! So müssen wir einen Zustand als vorhanden voraussetzen!

Also den (Materie)zustand!?

Wohlgemerkt, ein Zustand, der sich von anderen nur durch sein Wesen unterscheidet, nicht aber durch feste, flüssige oder gasförmige Körper! Diesen ersten Zustand X nennen wir vernünftig im Prinzip darum, weil er der einzige ist und in keinen anderen wechseln kann! Er muss

**sich darum erhalten. Würden wir ihn unvernünf-
tig nennen, so müsste er zerfallen im Gegeneinander von Vernunft und Unvernunft, was zum
oben Gesagten absurd wäre!**

<u>Erläuterung</u>

> Eine innere Zwiesprache, ein Dialog, möglicherweise eine Antwort auf meine Auslassungen über Vernunft und Unvernunft und vielleicht auch eine vorbereitende Übung für den Dialog, den ich vom 25. Dezember 1957 bis zum 2. Januar 1958 schrieb. Das fett Geschriebene stammt, so meine ich heute, von einem freundlichen Lehrer auf einer hohen geistigen Ebene. Auch mein Gesprächsbeitrag wurde wohl überwiegend inspiriert.

Grausam die Zeit, wo Körper und Geist nach oben streben,

> Klage über die Schwere der Zeit unseres körperlich-geistigen Wachstums, unserer Entwicklung.

die Macht zu nehmen

> Im Wörterbuch der deutschen Sprache von Bertelsmann (Wö. d. dt. Spr. v. Be.) wird „Macht" an erster Stelle definiert als „Herrschaft, Gewalt, starker Einfluss", zum Beispiel „die Macht der Liebe".

und der Theorie die Ausübung, die Verwirklichung zu zeigen.

> Wohl zu verstehen im Sinne von: und das, was ihr (der Macht) von der Theorie her zugrunde liegt, in die Wirklichkeit umzusetzen, zu praktizieren.

Grausam das Warten, das Werden, die Fesseln.

> Im Wö. d. dt. Spr. v. Be. hat „Fessel" an zweiter Stelle (im übertragenen Sinn) die Bedeutung von „Einschränkung, Einengung, Zwang".

Zeit rinnt, Schweiß rinnt ...

Es sind noch Zweifel!

> Nach dem Wö. d. dt. Spr. v. Be. hat „Zweifel" die Bedeutung von „Unsicherheit, Ungewissheit, Schwanken".

Oder Menschen. Menschen, nur Menschen!

> Wohl im Sinne von: Wir sind noch Menschen, nur Menschen!

Warum lebte ich sonst? Wozu suchte ich denn die Vernunft?!

Die Vernunft?

Braucht sie Menschen?

> Braucht die Vernunft das Dasein von Menschen?

Nein, anders!

Wie denn?

Braucht der Körper Vernunft?

Wird wohl. Wie sollte sich ein Wassertropfen in der Hölle halten können?

> Synonyme für „halten" sind nach dem Duden unter anderem „sich behaupten, [bestehen] bleiben, durchhalten".

Dem Tropfen ist das Meer vernünftig. Wieso ist er aber sich selbst vernünftig?

Was gibt es denn außer der Vernunft?

Die Unvernunft?!

Warum? – Warum sollte es, wenn das Prinzip vernünftig ist, Unvernünftiges geben?! Warum sollte es fallendes und steigendes Wasser geben, warum Verbrennungen, die nichts verbrennen?! Es kann endlos so fortgefahren werden!

Wenn aber Unvernunft und Vernunft nebeneinander als Prinzipien bestünden? Es ist falsch gefragt. Besser: Könnten sie bestehen?

Nein! Denn würde das Wesen des aufstrebenden Wassers sich im abstrebenden Wasser erhalten oder umgekehrt? Was bleibt von zwei Kräften, die gegeneinander wirken? Was tut sich in der unbeeinflussten Natur entgegen ihrem Wesen? Kann es je zwei entgegengesetzte Prinzipien gegeben haben?

Nein, sie würden ihr Wesen verlieren. Aber es gibt die Unvernunft, es gibt die Vernunft!

Die eine wird erst durch die andere definiert! – Betrachten wir es einmal anders. Vor dem Etwas kann es kein Nichts geben und umgekehrt, denn keines kann aus dem anderen entstehen! So müssen wir einen Zustand als vorhanden voraussetzen!

Also den (Materie)zustand!?

> Im Wö. d. dt. Spr. v. Be. wird Zustand an erster Stelle definiert als „Beschaffenheit, Verfassung (zu einem bestimmten Zeitpunkt)".

**Wohlgemerkt, ein Zustand, der sich von anderen nur durch sein Wesen unterscheidet,
nicht aber durch feste, flüssige oder gasförmige Körper! Diesen ersten Zustand X nennen wir vernünftig im Prinzip darum, weil er der einzige ist und in keinen anderen wechseln kann! Er muss sich darum erhalten. Würden wir ihn unvernünftig nennen, so müsste er zerfallen im Gegeneinander von Vernunft und Unvernunft, was zum oben Gesagten absurd wäre!**

<u>19. November 1957</u>

Seit gestern geht es mir merklich besser. Nur eins, die dauernde innerliche Unruhe. Sie treibt und hetzt zum Wahnsinn.

<u>22. November 1957</u>

Oh, du Natur, wie quälst du mich,
mein Herz brennt vor Verlangen,
nur eins noch drängt mich:
den Traum zu träumen.
Von Stund' zu Stund', von Tag zu Tag
reißt hoch mich nur dein Bild,
dein Bild ist meine Seligkeit,
ich wahr es tief.
Oh, Zeit, vergeh', verkürz das lange Warten.
Es zehrt mich auf, es tötet mich,
mein Leben geb' ich ihr,
mein Leben!
Die Zeit verrinnt, die Zeit verrinnt,
mit ihr verrinnt der Frohsinn,
verhärten wird die Seele sich,
nur weich noch in den Träumen.
Wer trägt die Schuld?
Trag ich die Schuld?
Wer will mir das behaupten?
Verflucht sei all das Elend doch,
das treibt mich doch zum Denken,
zum Denken?
Zum Denken treibt mich anderes.
Verflucht! Verflucht! Verflucht!
Oh, du Natur, was tust du mir?
Mein Leben, Handeln, Tun,
nur eins noch will anerkennen:

dich zu erkennen.
Du wehrst dich? Wehren willst du dich?
Ich mag fürs Erste unterliegen,
doch dann!
Ich werd' dich suchen, finden und erkennen
und dann verehren – wehrst du dich?
Das Leben soll zum Leben werden,
der Geist den Körper nicht beschweren,
den Körper nicht der Geist verwehren.
Ich fleh dich an!

Schön ist der Traum, ich träum' davon,
dich zu besitzen.
Oft such' ich nachts den Weg zu dir,
doch ach, es ist so schwer,
gar steinig, dornig, ränkevoll
der Pfad zu dir.
Doch bist du mein und ich bin dein
und beide sind wir eins,
vergessen sind die Qualen.
Die Zeit steht still, das Herz steht still,
die Welt hat uns verlassen.
Doch huscht die Nacht, die graue Nacht
um uns.
Vergeblich halten unsere Hände
das, was wir nannten Seligkeit.
Zerrissen hat die graue Nacht
das höchste Glück.
Erst gab sie es, dann nimmt sie es zurück.

Und trübe scheint das Morgenlicht,
und wütend heult der Sturm.
Ach Sturm, ach Sturm, du jagst dahin,
du weißt nichts von des Glückes Stund'.
Das, was dich ausmacht, ist dahin,
dahin, zu Staub geworden.
Auch ich werd' einst dich gern begleiten
mitwüten in der Wintersnacht,
wenn träumend liegen junge Menschen,
wie ich einst – unberührt.

Und wieder hoff' ich, ach nur hoff' ich
dich zu finden in der Nacht.
Versuchen will ich, dich zu bilden,
wenn Ruhe löst des Tages Bild.
Doch dich zu bilden, ist nicht schwer,
dein Bild hat die Natur geformt
und meiner Seele eingeprägt.
Und mehr hat die Natur getan,
sie formte dich aus Fleisch und Blut,
mir zu gefallen.

Aufgliederung des Textes

Oh, du Natur, wie quälst du mich,
mein Herz brennt vor Verlangen.
Nur eins noch drängt mich:
den Traum zu träumen.

Von Stund zu Stund, von Tag zu Tag
reißt hoch mich nur dein Bild.
Dein Bild ist meine Seligkeit,
ich wahr' es tief.

Oh Zeit, vergeh, verkürz das lange Warten!
Es zehrt mich auf, es tötet mich,
mein Leben geb ich ihr,
mein Leben!

Die Zeit verrinnt!

Die Zeit verrinnt,
mit ihr verrinnt der Frohsinn!
Verhärten wird die Seele sich,
nur weich noch in den Träumen.

Wer trägt die Schuld?

Trag ich die Schuld?
Wer will mir das behaupten?
Verflucht sei all das Elend doch,
das treibt mich doch zum Denken!

Zum Denken?

Zum Denken treibt mich anderes:
Verflucht ...

Verflucht?

Verflucht!

Oh, du Natur, was tust du mir?
Mein Leben, Handeln, Tun
nur eins noch wollen anerkennen:
dich zu erkennen.

Du wehrst dich?
Wehren willst du dich?
Ich mag fürs erste unterliegen,
doch dann!

Ich werd dich suchen,
finden und erkennen
und dann verehren!
Wehrst du dich?

**Das Leben soll zum Leben werden,
der Geist den Körper nicht beschweren,
den Körper nicht der Geist verwehren!**

Ich fleh dich an,
schön ist der Traum,

ich träum davon,
dich zu besitzen.

Oft such ich nachts den Weg zu dir,
doch ach, es ist so schwer,
gar steinig, dornig, ränkevoll
der Pfad zu dir.

Doch bist du mein und ich bin dein
und beide sind wir eins,
vergessen sind die Qualen!
Die Zeit steht still,
das Herz steht still,
die Welt hat uns verlassen!

Doch huscht die Nacht,
die graue Nacht um uns,
vergeblich halten unsere Hände das,
was wir nannten Seligkeit!

Zerrissen hat die graue Nacht
das höchste Glück!
Erst gab sie es,
dann nimmt sie es zurück!

Und trübe scheint das Morgenlicht,
und wütend heult der Sturm.
Ach Sturm ...

Ach, Sturm!

... du jagst dahin,
du weißt nichts von des Glückes Stund.
Das, was sie ausmacht, ist dahin ...

Dahin!

... zu Staub geworden.

Auch ich werd einst dich gern begleiten,
mitwüten in der Wintersnacht,
wenn träumend liegen junge Menschen,
wie ich einst – unberührt.

Und wieder hoff ich ...

Ach!

... nur hoff ich,
dich zu finden in der Nacht.
Versuchen will ich, dich zu bilden,
wenn Ruhe löst des Tages Bild.

Doch dich zu bilden, ist nicht schwer,
dein Bild hat die Natur geformt
und meiner Seele eingeprägt.
Und mehr hat die Natur getan,
sie formte dich aus Fleisch und Blut,
mir zu gefallen.

<u>Erläuterung</u>

> ➤ ‗Ein Dialog in Versform, wohl überwiegend inspiriert. Fett geschrieben äußert sich, mir damals aber nicht bewusst, eine Stimme von einer höheren geistigen Ebene.

Oh, du Natur, wie quälst du mich,
mein Herz brennt vor Verlangen.
> ➤ Vor Verlangen nach einem Mädchen.
Nur eins noch drängt mich:
den Traum zu träumen.
> ➤ Wohl meinen Traum vom 27. Oktober.
> Siehe dort.

Von Stund zu Stund, von Tag zu Tag
reißt hoch mich nur dein Bild.
Dein Bild ist meine Seligkeit,
ich wahr' es tief.

Oh Zeit, vergeh, verkürz das lange Warten!
Es zehrt mich auf, es tötet mich,
mein Leben geb ich ihr,
mein Leben!

Die Zeit verrinnt!

Die Zeit verrinnt,

mit ihr verrinnt der Frohsinn!
Verhärten wird die Seele sich,

> Synonyme für „sich verhärten" sind
> nach dem Duden „erstarren, sich ver-
> krampfen, sich abweisend zeigen, unzu-
> gänglich werden, verbittern, sich ver-
> schließen".

nur weich noch in den Träumen.

Wer trägt die Schuld?

Trag ich die Schuld?
Wer will mir das behaupten?
Verflucht sei all das Elend doch,
das treibt mich doch zum Denken!

Zum Denken?

Zum Denken treibt mich anderes:
Verflucht ...

Verflucht?

Verflucht!

> Denn „Und zum Mann sprach er: Weil
> du gehorcht hast der Stimme deiner
> Frau und gegessen von dem Baum, von
> dem ich dir gebot und sprach: Du sollst

nicht davon essen –, verflucht sei der Acker um deinetwillen! Mit Mühsal sollst du dich von ihm nähren dein Leben lang." (1. Mose 3:17)

Oh, du Natur, was tust du mir?
Mein Leben, Handeln, Tun
nur eins noch wollen anerkennen:
dich zu erkennen.
> Nämlich das Sexualleben, die Liebesbeziehung zu einem Mädchen bzw. einer Frau.

Du wehrst dich?
Wehren willst du dich?
Ich mag fürs erste unterliegen,
> Nämlich der Natur
doch dann!

Ich werd dich suchen,
finden und erkennen
und dann verehren!
Wehrst du dich?

**Das Leben soll zum Leben werden,
der Geist den Körper nicht beschweren,
den Körper nicht der Geist verwehren!**

Ich fleh dich an,
schön ist der Traum,
ich träum davon,
dich zu besitzen.

> ➤ *Gemeint ist wohl das Mädchen in mei-*
> *nem Traum*

Oft such ich nachts den Weg zu dir,
doch ach, es ist so schwer,
gar steinig, dornig, ränkevoll
der Pfad zu dir.

Doch bist du mein und ich bin dein
und beide sind wir eins,
vergessen sind die Qualen!
Die Zeit steht still,
das Herz steht still,
die Welt hat uns verlassen!

Doch huscht die Nacht,
die graue Nacht um uns,
vergeblich halten unsere Hände das,
was wir nannten Seligkeit!

Zerrissen hat die graue Nacht

> ➤ *„Die Nacht stellt im Traum den gesam-*
> *ten Bereich des Unbewussten dar, der*
> *im Dunkeln liegt." (Günter Harnisch)*

das höchste Glück!

Erst gab sie es,
dann nimmt sie es zurück!

Und trübe scheint das Morgenlicht,
> „Der Morgen, die Morgendämmerung, die Morgenröte, der Sonnenaufgang – diese Zeitangaben im Traum haben positive Bedeutung. Etwas Wesentliches rückt in das Bewusstsein des Träumenden." (Günter Harnisch)

und wütend heult der Sturm.
> „… Wie in der Wirklichkeit, so ist der Wind auch im Traum ein Naturereignis: Erhebt er sich, dann wird etwas Besonderes geschehen. Oft ist der Wind Hinweis auf starke geistige Energien. […] Wo eine starke geistige Bewegtheit einsetzt, dort teilt sie sich oft im Traum als herannahender Sturm mit …" (Günter Harnisch)

Ach Sturm …

Ach, Sturm!

… du jagst dahin,
du weißt nichts von des Glückes Stund.

Das, was sie ausmacht, ist dahin ...

Dahin!

... zu Staub geworden.

Auch ich werd einst dich gern begleiten,
mitwüten in der Wintersnacht,

> ➢ *Nämlich, wie ich damals dachte, nach meinem Tod, denn „Mit Schweiß wirst du dein Brot verdienen, bis du zurückkehrst zur Erde, von der du genommen bist. Denn Staub bist du, und zu Staub wirst du werden." (1. Mose 3,19) – Zu Winter bzw. Eis schreibt Günter Harnisch unter anderem: „Eis in der Traumlandschaft informiert über das Einfrieren von Beziehungen, über seelische Kälte und die Gefahr der Vereinsamung des Träumenden ..."*

wenn träumend liegen junge Menschen,
wie ich einst – unberührt.

Und wieder hoff ich ...

Ach!

... nur hoff ich,

dich zu finden in der Nacht.
> *Nämlich das Mädchen in meinem nächtlichen Traum.*

Versuchen will ich, dich zu bilden,
wenn Ruhe löst des Tages Bild.

Doch dich zu bilden, ist nicht schwer,
dein Bild hat die Natur geformt
und meiner Seele eingeprägt.
Und mehr hat die Natur getan,
sie formte dich aus Fleisch und Blut,
mir zu gefallen.

Quellenverzeichnis

Ernst Aeppli: Der Traum und seine Deutung. Eugen Rentsch Verlag, Zürich 1943
Heinrich Elijah Benedikt: Die Kabbala. Verlag Hermann Bauer, Freiburg im Breisgau 2001
Bertelsmann: Wörterbuch der deutschen Sprache. Wissen Media Verlag GmbH (vormals Bertelsmann Lexikon Verlag GmbH), Gütersloh/München 2004
Dr. Friedrich W. Doucet: Das große Buch der Traumdeutung. Verlag Kremayr u. Scheriau, Wien 1978
Duden: Das Synonymwörterbuch. Dudenverlag, Mannheim/Zürich 2010
Duden: Die deutsche Rechtschreibung. Dudenverlag, Berlin/Mannheim/Zürich 2013
Georg Fink: Traumdeutung. Falken Verlag GmbH, Niedernhausen/Ts 1996
Günter Harnisch: Das große Traumlexikon. Herder Verlag, Freiburg im Breisgau 1989/1996
Pschyrembel: Klinisches Wörterbuch, 258. Aufl.
Redensarten-Index: Lexikon für Redewendungen, Redensarten, deutsche Sprichwörter
Lutz Röhrich: Lexikon der sprichwörtlichen Redensarten. Verlag Herder, Freiburg im Breisgau 2003
Thesaurus: Synonyme
Der Traumdeuter.ch (Internet)

Wahrig: Fremdwörterlexikon. Wissen Media Verlag GmbH, Gütersloh/München 2007
Wikipedia, die freie Enzyklopädie
Woxikon: Online Synonym-Wörterbuch